MARISA:
A Escolha Sexual da Menina

Campo Freudiano no Brasil

Coleção dirigida por Jacques-Alain e Judith Miller
Assessoria brasileira: Angelina Harari

Rosine e Robert Lefort

MARISA: A ESCOLHA SEXUAL DA MENINA

Tradução:
VERA AVELLAR

Revisão técnica:
MARIA DO ROSÁRIO DO REGO BARROS
psicanalista

Jorge Zahar Editor
Rio de Janeiro

Título original:
Maryse devient une petite fille:
psychanalyse d'une enfant de 26 mois

Tradução autorizada da primeira edição francesa,
publicada em 1995 por Éditions du Seuil, de Paris,
França, na coleção Champ Freudien

Jorge Zahar Editor Ltda.
rua México 31 sobreloja
20031-144 Rio de Janeiro, RJ
tel.: (021) 240-0226 / fax: (021) 262-5123

CIP-Brasil. Catalogação-na-fonte
Sindicato Nacional dos Editores de Livros, RJ

Lefort, Rosine
L523m Marisa: a escolha sexual da menina / Rosine e Robert Lefort; tradução, Vera Avellar; revisão técnica, Maria do Rosário Collier do Rego Barros. — Rio de Janeiro: Jorge Zahar Ed., 1997.
— (Campo freudiano no Brasil)

Tradução de: Maryse devient une petite fille: psychanalyse d'une enfant de 26 mois.
ISBN 85-7110-408-5

1. Psicanálise infantil — Estudo de casos. I. Lefort, Robert. II. Título. III. Série.

CDD 618.928917
97-0904 CDU 159.964.2-053.2

Sumário

Introdução

Quando uma criança vem ao mundo, a primeira coisa que lhe acontece é ser designada por "é um menino" ou "é uma menina". É um destino que assim se enuncia na boca dos que a acolhem, um destino que parece incontornável para todo ser sexuado biologicamente, a ponto de Freud ter podido dizer: "A anatomia é o destino." Isto seria inteiramente verdade se houvesse apenas a biologia, mas o filhote humano é, de imediato, imerso na linguagem. A anatomia deverá levar em conta essa linguagem ou, mais exatamente, seu material, que é o significante. Dito de outro modo, por um lado o filhote humano nasce menino ou menina, porém, além disso, ele deverá vir a sê-lo. Daí o termo "sexuação", introduzido por Lacan, e não apenas "sexualidade infantil" — a grande descoberta de Freud, que causou escândalo na época.

Freud a descobriu concomitantemente à psicanálise através do tratamento de neuróticos adultos e, se ele não se ocupou muito de crianças, todos os seus trabalhos visam cingir o infantil. Era o que ele afirmava em 1932 na XXXIV das *Novas conferências*, "Esclarecimentos, aplicações, orientações"[1]. A psicanálise com crianças é "possivelmente o mais importante de tudo aquilo de que se ocupa a análise". Nesse momento, ele certamente pensava na prevenção, na pedagogia, mas não apenas: "Quando, no tratamento de um neurótico adulto, procurávamos determinar seus sintomas, éramos regularmente remetidos até sua primeira infância. O conhecimento das etiologias ulteriores não bastava nem para a compreensão, nem para a ação terapêutica. Fomos assim forçados a nos familiarizar com as particularidades psíquicas da idade infantil, e aprendemos uma profusão de coisas que não era possível aprender de outro modo que pela análise, e pudemos também retificar muitas opiniões geralmente admitidas sobre a infância." Mais adiante: "Verificar-se-á que a criança é um objeto muito propício à terapia analítica; os êxitos são radicais e duradouros."

Seguindo Freud, Lacan, em seu ensino, ao desenvolver a lógica do significante, estabelece o estatuto do sujeito do inconsciente, cujas conseqüências podem ser deduzidas:

- não há infância do sujeito;
- o infantil é a estrutura sob o efeito do significante que faz o sujeito;
- o organismo se torna pulsão e o desejo, metonímia, ou um dos dois tropos significantes fundamentais, com um resto, o objeto da pulsão, que Lacan designa como pequeno *a*.

Sem dúvida, a criança tem os pais de quem ela pode ser o sintoma, seja de um, de outro, ou do casal. Ora, Marisa, tal como as outras crianças cujo tratamento foi objeto de livros precedentes,[2] não foi trazida por seu pais, já que ela vivia numa instituição,[3] só tendo chegado àquela onde se desenvolveu seu tratamento após várias outras internações hospitalares e institucionais. Não há, portanto, entre a analista e ela, interposição do dizer e da demanda dos pais, o que a analista deve primeiramente considerar para atingir o sujeito enquanto analisando de pleno direito.

A relação que, de início, ela estabeleceu com a analista, veremos, é uma relação com uma presença pela qual ela demonstra uma avidez intensa, assim como todas as outras crianças que analisei em instituições. Qual a natureza dessa presença? Será a de um substituto de sua mãe, de quem foi separada definitivamente aos quatro meses? Essa assimilação do analista a um substituto materno foi freqüentemente feita na análise de crianças pequenas. Isto é desconhecer o campo onde a criança situa, de imediato, seu debate, quer dizer, exatamente uma transferência no significante. O analista não está ali para satisfazer necessidades vitais cujo encargo é da instituição, mas para trazer esse significante do qual ele, assim, se torna o lugar. É o que Lacan designou o "grande Outro" como lugar dos significantes e lugar de uma palavra que faz presença-ausência, isto é, a do Outro simbólico a quem o sujeito pode endereçar fundamentalmente sua demanda.

No ambiente hospitalar ou institucional onde viveu Marisa, a alimentação em série exclui a demanda do pequeno sujeito, que se dirige a algo distinto das satisfações pelas quais ela apela. Ela é demanda de uma presença ou de uma ausência.[4] O Outro mantém-se anônimo e a satisfação da necessidade sem a demanda permanece no real do alimento e falha como prova de amor. "(...) A demanda anula (*aufhebt*) a particularidade de tudo o que pode ser concedido transmutando-o em prova de amor, e as satisfações que ela obtém para a necessidade se depreciam (*sich erniedrigt*) tornando-se mero esmagamento da demanda de amor..."[5]

Se retornarmos à estrutura significante e à sexuação que dela depende, podemos dizer que mesmo Freud, que deu todo o espaço aos objetos pulsionais e seu destino, não deixou de ter influenciado muito o que se chamou a "psicanálise de crianças", ou seja, uma prática específica, ao menos para os pós-freudianos que, ao colocar o falo como objeto parcial, malograram quanto ao que se refere a seu estatuto de significante. Veremos com Marisa o ponto chave do afastamento entre o objeto *a* — que causa o desejo — e o objeto do desejo, o do Outro, enquanto fálico. Eles estão ali, de imediato, presentes em Marisa.

Que Freud tenha estabelecido, a partir de 1923, o primado do falo com sua conseqüência radical — a existência de uma só libido — não implica que esse falo "na doutrina freudiana [seja] uma fantasia", $\$ \lozenge a$, escreve Lacan; "ele tampouco é enquanto tal um objeto (parcial interno, bom, mau etc.) visto que este termo tende a julgar a realidade interessada numa relação. Ele é bem menos ainda o órgão, pênis ou clitóris que simboliza. (...) Pois o falo é um significante (...) é do lugar do Outro que é emitida sua mensagem."[6] O giro assim operado é radical para a psicanálise com crianças, já que implica não um desenvolvimento que deixaria na expectativa de maturação do *infans* toda a articulação do fenômeno analítico, mas uma estrutura que é a do significante, na qual a criança é imersa desde antes de seu nascimento e na qual ela se humaniza.

Ao dizer que "o infantil é a estrutura", Freud não extrai disso todas as conseqüências, por deixar de colocar em seu lugar o que as histéricas lhe haviam ensinado, ao mesmo tempo em que o levavam a descobrir a psicanálise: que o falo é um significante. Assim, ele não pode se articular na demanda ao Outro em igualdade com os objetos da necessidade, ainda que nessa divisão primordial alguma coisa fique alienada nas necessidades no estágio de um recalcamento primordial, *Urverdrängung*, do qual Lacan diz que "ele encontra seu significante ao receber a marca da *Verdrängung* do falo (através do que o inconsciente é linguagem)".[7] Assim, a demanda dirigida ao Outro não visa apenas as satisfações objetais necessárias à manutenção da vida. Ela é demanda de uma presença sobre o fundo de ausência, constitutiva da relação com a mãe primordial. Verificaremos ser isto o que Marisa interroga.

NOTAS

1. Sigmund Freud, *Nouvelles Conférences d'introduction à la psychanalyse*, Gallimard, col. "Connaissance de L'inconscient", 1984, XXXIVª conferência: "Éclaircissements, applications, orientations", p.197-9.

2. Rosine Lefort, em colaboração com Robert Lefort, *Naissance de l'Autre* e *Les Structures de la psychose*, Seuil, col. "Le Champ Freudien", 1980 e 1988.

3. A instituição se chama "Parent-de-Rosan", alojamento da Assistência Pública que fazia parte do serviço hospitalar de Jenny Aubry.

4. Jacques Lacan, "La signification du phallus", in *Écrits*, Seuil, col. "Le Champ Freudien", 1966, p.688-93.

5. Ibid., p.691.

6. Ibid., p.690.

7. Ibid., p.693.

CAPÍTULO I

Diagnóstico, estrutura e hospitalismo

Marisa, em outubro de 1951 tem 26 meses de idade, isto é, um pouco mais de dois anos, pesa 8,8 quilos e mede 76 centímetros. Tem, portanto, o peso e o tamanho de uma criança de aproximadamente um ano. Sua motricidade é a de uma criança de sete meses e sua linguagem, a de uma criança de seis meses. Ela não anda.

À primeira vista, seu estado é lastimável, não apenas devido a seu retardo estaturo-ponderal, mas também em razão de seu aspecto sujo, um corrimento nasal permanente e um estrabismo muito acentuado. A maior parte do tempo ela está apática e curvada sobre si mesma, curvamento este que vai até um balanceado freqüente, típico das crianças hospitalizadas privadas em grande parte de relacionamentos. Entretanto, ela não deixa inteiramente de tê-los, pois lhe ocorre sorrir a uma enfermeira que passa. Como não anda, permanece a maior parte do tempo em sua cama ou sentada no chão ao lado das outras crianças com alguns brinquedos. Quando se desloca sobre seu traseiro, com uma perna dobrada, é para ir buscar algum dejeto num canto ou debaixo de uma cama: uma velha casca de pão ou algodão sujo que leva à boca.

Sabe-se por seu dossiê médico que ela viveu até os quatro meses em uma instituição de acolhimento às mães, com sua mãe psicótica, antes da internação desta na Maison-Blanche. Posteriormente, Marisa passou por dezessete transferências antes de chegar à Parent-de-Rosan. Somos informados por este mesmo dossiê que, heredo-sifilítica, com BW positivo, foi tratada com injeções de Sulfar e que, atualmente, o BW é negativo.

Sem negligenciar seus antecedentes cuja recaída ver-se-á no tratamento, seu estado é típico de uma vida em ambiente hospitalar, com numerosas doenças, infecções intestinais ou otorrinolaringológicas. Ela sofre também de graves perturbações do sono, necessitando, diariamente, de hipnóticos leves.

Num caso como este de Marisa evoca-se, inevitavelmente, a síndrome de hospitalismo descrita por Spitz. O conteúdo de uma tal síndrome é muito mais descritivo do que estrutural. Dão-nos testemunho disso as diferenças entre quatro crianças: Nádia, Robert, Marie-Françoise e Marisa, que permaneceram muito tempo no hospital, e passaram todas por análises. Certamente, o anonimato dos cuidados recebidos por essas crianças teve conseqüências flagrantes e impressionantes sobre seu aspecto e déficit sócio-estaturo-ponderal. Mas a estrutura que cada uma delas apresenta não pode, em nenhum caso, ser atribuída a uma síndrome de hospitalismo ou outra. A síndrome aparece como um elemento acrescentado posteriormente, referente a um déficit das relações, mas em nada como um fator etiológico na estrutura desses sujeitos *infans*, de sua emergência respectiva no significante ou da divisão própria a cada um entre o Outro da palavra e o objeto *a*.

Nádia[1] — que estando separada de sua mãe desde o nascimento só conheceu o ambiente dos berçários-hospitais — provou estar na expectativa de desenvolver sua relação com o mundo desde que lhe oferecessem a presença de um Outro. Como analista, assumi este lugar em seu tratamento. A partir de seu próprio lugar como objeto *a* enquanto olhar, do qual fiz tanto caso quando a encontrei, ela realizou uma estruturação entre o objeto e o Outro da palavra. Nádia, em seu abandono, partiu do objeto e não do Outro, demasiado mutável e indefinido para que encontrasse nele o apoio de uma identificação primordial.

Robert, o Menino do Lobo[2], ao contrário, viveu com sua mãe até os seis meses, e depois, dos treze aos dezesseis meses, após uma hospitalização por antrotomia — que foi para ele motivo de um traumatismo que avaliamos como momento fecundo do desencadeamento de sua psicose. O hospitalismo por certo agiu como um fator suplementar, mas não foi a causa da estrutura patológica de Robert: sua psicose paranóica provinha diretamente da psicose de sua mãe e desencadeou-se com a perda de seu Outro materno, sempre iminente e tornada real por ocasião da antrotomia. Para ele, a questão do Outro prevalecera sobre a do objeto, a ponto da sua própria perda do objeto se apagar diante daquela de seu Outro a ser salvaguardada a qualquer preço, ao preço até da mutilação de seu pênis, quer dizer, de um órgão de seu corpo. Para ele, tudo era devido ao Outro no real.

Para Marie-Françoise[3] é também do Outro que se trata, mas exclusivamente, sem relação com o objeto, que permanece estritamente num real impossível. Separada de sua mãe (esta a abandonara aos dois e aos 12 meses) e após passar um período com uma ama-de-leite, a menina não tinha lugar como objeto do Outro, nem a possibilidade de retirar dele objeto algum, já que seu autismo se devia a um Outro absoluto e sem falha. Suas longas estadias nos hospitais eram-lhe apenas ocasião para verificar e permanecer imutável nessa estrutura "congelada"

NOTAS

1. Rosine e Robert Lefort, *Naissance de l'Autre,* op. cit.
2. Lefort, *Les Structures de la psychose*, op. cit.
3. Lefort, *Naissance de l'Autre*, op. cit.

CAPÍTULO II

O encontro do Outro... e do objeto por Marisa

Quem dirá o que faz com que Marisa, que viveu apenas quatro meses com sua mãe psicótica, apareça de um modo completamente diferente? Seu aspecto alarmante no plano psicossomático é, em Parent-de-Rosan, uma indicação a mais para se tentar uma avaliação, visando a conduta a ser tida com relação a esta criança. Ela me foi confiada para observação.

Em 27 de outubro, eu a vejo pela primeira vez; ela está em sua cama, sorri para mim quando me sento junto dela. Mas torna-se séria e vai permanecer quinze minutos sentada, imóvel, sem me olhar; não tensa, mas com uma passividade total erguendo uma barreira entre ela e o mundo externo.

Entretanto, ao entrar uma enfermeira, ela lhe sorri e mostra-lhe uma velha bola. Pegando esta bola, eu a faço rolar na direção dela. Ela a segura e a estende para mim. Mas quando recomeço, seu rosto se crispa, ela se joga para trás contra seu travesseiro, em seguida lança a bola violentamente no quarto. Depois disso, ela se curva novamente, vai sentar sobre o travesseiro e se balança; seu olhar é a princípio ausente, depois é voltado para mim. Aproxima-se de mim e quer colocar suas mãos sobre as minhas, afasta-as, depois se põe a arranhar minhas mãos, como havia feito com a bola.

Estende-me então as mãos, mas se esgueira assim que estico meus braços. No entanto, inclina-se para mim e eu a coloco sobre meus joelhos. Ela fica ali um longo momento, tensa, sem me olhar, inquietando-se com a posição de meu braço atrás dela.

Depois, olha-me longamente e toca um botão de minha blusa. Pega então um lápis do bolso sobre meu peito e o gira em todas as direções matraqueando. Ela me restitui o lápis, vira-o e revira-o, me bate com ele e o joga no chão. Eu o apanho e ela o joga de novo com um ar furioso. Quando eu o restituo, ela me acaricia os lábios com ele e o enfia em minha boca. Em seguida, bate com ele em sua cabeça antes de recolocá-lo em meu bolso.

Ela olha meu rosto, estica uma das mãos, toca minha face com precaução, desviando primeiro seu olhar. Depois, com o olhar fixo, olha meus óculos e retoma o lápis para com ele bater nas lentes.

Ela me olha, decide se apoiar contra mim e termina por se abandonar completamente, retomando uma terceira vez o lápis de meu bolso.

Durante dez minutos, ela quer que eu a nine, depois se aproxima e pede para retornar à sua cama, onde se deita e me olha partir. Tenho a impressão de que está exausta.

Vejo-a pela segunda vez em 28 de outubro. Ela me sorri, depois vai sentar-se sobre seu travesseiro, onde se isola balançando-se e chupando seu polegar. Após alguns minutos, ela se senta de frente para mim e toma muito cuidado para não colocar suas mãos sobre as minhas, que estão sobre a borda da cama. Como está muito inclinada sobre mim e me olha interrogativamente, eu a coloco sobre meus joelhos. Ali ela se anima, dá gargalhadas e matraqueia muito.

Pega no meu bolso o lápis e um papel, mas joga imediatamente o papel no chão. Quanto ao lápis, ela o passeia sobre meu rosto, sobre minha boca com hesitação e, enfim, bate-me com ele na coxa. Inquieta, acaricia meus cabelos.

Depois se levanta, faz pipi de pé e vai se instalar sobre seu travesseiro; ela se balança um pouco nele, segurando sempre meu lápis.

Em 29 de outubro, ela está na cama, sorri e vem pegar meu lápis para bater em minhas mãos.

Uma enfermeira coloca uma compressa quente sobre um abscesso em sua nádega. Ela chora, eu lhe falo e ela se acalma. A enfermeira diz que ela tem muito medo porque já foi muito mexida.

Colocada de volta na cama, ela acaricia minhas mãos e bate com o lápis em meus óculos, depois acaricia meus cabelos matraqueando e quer vir para meu colo. Ela fica ali, imóvel e rígida, hesitando em deixar-se levar para o meu colo.

Quer ir para o chão, anda até uma pequena poltrona que empurra enquanto faz pipi de pé, mas está inquieta e em contato comigo apenas fugidiamente. Ela foge de mim.

Em 1º de novembro, ela está no jardim de infância. Senta-se de costas para mim no meu colo, depois volta-se para mim dando-me um brinquedo. Uma outra criança se agarra em mim e chora.

Decido levar Marisa para um cômodo ao lado onde ela se distancia de mim o máximo possível. Como a outra criança torna a se agarrar em mim, Marisa precipita-se em minha direção, sorrindo e estendendo-me os braços.

Eu a levo de volta ao jardim de infância, onde ela se senta novamente no meu colo me dando as costas. Ela coloca brinquedos em meu avental, depois se balança batendo numa cadeira com o lápis, olhando-me e sorrindo; depois ela recomeça a se balançar.

Terminado o período de observação, realiza-se no serviço uma discussão a propósito do diagnóstico concernente a Marisa e à conduta a ser seguida. As posições de cada um se contradizem tal como os discursos aos quais eles se referem, médico-neurológicos ou psicológicos. Os trechos seguintes da discussão assim o testemunham:

Dr. A — Considera que Marisa tem seu desenvolvimento normal de aproximadamente sete meses e não de 26 meses, nível dado pelo teste de Gesell e diâmetro do crânio.

Dr. B — Acha que ela é apenas testável.

Dr. C — Assinala a dualidade do comportamento de Marisa, que quer chamar a atenção ao mesmo tempo em que não a pode suportar. Observa, entretanto, a existência de um contato com Rosine nesta dualidade impressionante.

Dr. D — Acha Marisa risonha e carinhosa.

Dr. E (neurologista) — Fala de um verdadeiro retardo mental por ela ter aceito os exames sem chorar. Há retardo mental verdadeiro quando há dano no córtex e deformação congênita cerebral.

Dr. D — O retardo mental verdadeiro é constitucional ou adquirido?

Dr. C — Expõe a teoria, segundo a qual um quociente de desenvolvimento no teste de Gesell abaixo de 50 (Marisa tem 40) corresponde a lesões anatômicas. Em Marisa há uma parada do ponto de vista somático, porque não se daria o mesmo do ponto de vista psicogênico? Um EEG é indicado.

Dr. E — É um retardo mental verdadeiro com hospitalismo.

A discussão prossegue sobre a questão se há algo a ser feito. Se o retardo é puramente psicogênico, ele requer 18 meses de tratamento. Se a criança está organicamente afetada, podemos livrá-la de alguns elementos psicogênicos?

A complexidade dos fatores parece inextricável. A conclusão é, portanto, um tratamento experimental curto, antes de se orientar para uma família substituta*.

Para nós, estes quatro primeiros encontros, ditos de observação, já têm o caráter de sessões onde a transferência se manifesta. Não deveríamos nós, para as crianças, sobretudo as pequenas, falar de "sessões preliminares" tal como dizemos "entrevistas preliminares"? Resolveríamos, assim, a questão freqüente da demanda de análise pela criança, mesmo muito pequena: a oferta cria a demanda. Nestas crianças em ambiente institucional, a sede de presença do Outro pede apenas para se manifestar, considerando-se o anonimato dos cuidados que recebem. Nós sublinharemos esta sede em Nádia e, mais ainda, em Robert e Marie-Françoise, embora, para esses, o Outro tivesse tido um estatuto de real como um todo.

O encontro do Outro realizado por Marisa durante estas sessões é alguma coisa nova, basta julgar pela oposição entre o sorriso que ela endereça a uma enfermeira que passa e o conflito que ela manifesta em sua relação comigo. Isso faz com que, no final da primeira sessão, eu observe que ela está esgotada.

Ela tenta a todo instante se aproximar de mim, mas imediatamente se joga de novo para trás, ou esquiva-se assim que estendo meu braço, ou então ela aproxima suas mãos das minhas recuando-as em seguida. Esta angústia de contato de corpo aparece como um real onde o corpo de um seria o objeto do outro, cada um sendo um todo.

Neste registro, Marisa não consegue manifestar sua demanda face ao real do corpo do outro que faz totalidade. Podemos supor que a questão não se colocava para ela quando era para o Outro apenas um objeto de cuidados.

Mas Marisa encontra, ao mesmo tempo, um Outro não-todo, portador do objeto separável, objeto metonímico, para além do real dos corpos, sob a forma do lápis que pega de mim. Esta metonímia faz cadeia — segundo

---

* Traduzimos por família substituta a expressão "placement nourricier", que é um procedimento do governo francês de pagar a famílias para cuidarem de crianças. (N.R.T.)

seu caráter de significante — quando ela me acaricia os lábios, as mãos e as pernas com ele, enfia-o em minha boca ou o passa em meus cabelos. Ela pode, igualmente, significar minha ausência quando o joga no chão. Este lápis, portanto, serve do mesmo modo para expressar a presença-ausência e para degustar o corpo do Outro despedaçado, quer dizer, um corpo já marcado pelo significante, e não mais apenas real.

É bem isto o que há de fundamentalmente novo se consideramos o tipo de objeto ao qual Marisa era reduzida antes de minha aparição em seu campo. Ali, era de uma outra alternância que se tratava entre o objeto-dejeto — algodão sujo, velho pedaço de pão que levava à boca e comia — e um encurvamento com balanceio, sinal de sua depressão ligada à ausência de um Outro, ausência esta que a reduzia a ser somente o objeto de um gozo auto-erótico mortífero, daí seu encurvamento e balanceio.

Este lápis, objeto metonímico que retira de mim, é imediatamente relacionado com uma estrutura furada do Outro, quando ela o introduz em minha boca como para marcá-lo de uma oralidade sem consumação possível, sem gozo. Do mesmo modo, ela religa meu olhar a meus óculos, sobre os quais bate: ela me bate nos olhos por não poder retirar dali o objeto-olhar.

Portanto, ela passou da consumação "em pura perda" do objeto-dejeto *a* sem Outro, antes de encontrar um Outro que ela torna portador deste objeto sob a forma de meu lápis. O objeto não é mais um simples dejeto, ela o localiza sobre o Outro, fazendo desse objeto, ao mesmo tempo, a causa de seu desejo, e do Outro, o lugar de onde ela pode retirá-lo. Este Outro, então, não é mais uma totalidade, mas pode ser afetado por uma falta, o que se escreve como A barrado: $\not{A}$.

Um passo a mais e, em 28 e 29 de outubro, ela faz pipi de pé em sua fralda exatamente no momento em que se separa de mim, foge-me, até mesmo curvando-se em seu balanceio. Esta primeira manifestação uretral concerne um outro tipo de perda, uma perda manifestamente urinária ou sexual. Já é a assinatura de um esboço fálico onde Marisa estabelece, quase de imediato, a relação entre o objeto *a* precedente e esta perda mais especificamente sexual, ligada ao pênis.

Nestas quatro primeiras sessões, Marisa, após ter colocado o Outro barrado, posiciona o que será o ponto principal de seu debate entre o objeto *a*, do qual fez o Outro portador, e o objeto fálico que questiona o Outro que sou, e que já se pode escrever: a / $-\varphi$.

Todos os elementos da estrutura estavam ali; a transferência os revela: $\$$, o sujeito barrado, ligado ao objeto que busca, *a*, do qual faz o Outro portador e que, enquanto objeto separável que o desfalca, escreve-se Ⱥ, e o falo faltante (-φ), que não é o objeto mas um significante e, como tal, aparecerá na análise.

Por comparação, com Nádia, a transferência de fato só revelava a fascinação da imagem do semblante na expectativa da queda do objeto, por ocasião da cena do dia 10 de dezembro — quando ela alucinava o objeto de sucção diante da criança no colo de uma enfermeira. Com Robert, a transferência só revelou um objeto real, seu pênis, que devia a seu Outro. Com Marie-Françoise, a transferência revelou apenas um Outro-absoluto, não descompleto sem objeto separável.

Marisa coloca, desde o começo, o Outro, seu objeto separável, e o significante fálico, elementos constitutivos da divisão estrutural do sujeito.

CAPÍTULO III

A fase fálica 1
O *Penisneid* e o objeto *a*: $\$/a$

Tendo sido decidido o tratamento analítico, em 5 de novembro não a conduzo ainda à sala de sessões do segundo andar, no outro pavilhão da instituição, mas a um quarto vizinho desocupado e com uma cama onde coloquei alguns brinquedos. Ela não se interessa por eles, porém, tal como precedentemente, vem pegar papel e lápis no meu bolso.

Olha demoradamente o papel, joga-o longe de mim e se ocupa com o lápis. Ela o joga para que eu o apanhe, depois coloca-o sobre mim debruçando-se de tal modo que penso dever pegá-la no colo. Ali ela continua o mesmo jogo com o lápis, mas acaba por se deter; olha-me intensamente, depois se aconchega em mim, a cabeça sobre meu ombro, reencontrando, neste momento, a posição do bebê nos braços maternos. Mas, se endireita bem depressa, pois isto a deixa ansiosa. Eu lhe sorrio dizendo seu nome; ela hesita. Em seguida pode novamente abraçar-se a mim, eu lhe falo ninando-a suavemente. Durante este tempo, ela me olha de baixo para cima, como o bebê olha sua mãe quando está em seus braços, um olhar bastante intenso e com um pálido sorriso.

Ao fim de alguns minutos, ela se aproxima bruscamente e me olha com hostilidade. Ela quer ir para o chão onde se joga sob a cama para pegar um velho pedaço de pão e tentar comê-lo olhando-me, quer dizer, me acusa de tê-la deixado sozinha diante do objeto, que não passa de um dejeto real.

Debaixo da cama, parcialmente escondida de mim pelo lençol, inclina-se para ver-me, institui, rindo, uma brincadeira de "cuco" que interrompe depressa. Então, escondida de mim, fica imóvel, chupa seu polegar e se balança cada vez mais forte, tomando assim o lugar do objeto-dejeto sem Outro. Eu a levo para seu quarto. Ela parece ausente.

A 6 de novembro, ela me sorri, depois esconde seu rosto como que constrangida por sua emoção.

Na cama do quarto onde a levo, ela esboça um jogo com um carrinho que me estende rindo; eu o faço rodar até ela. Ela não consegue fazê-lo rodar, mas aproveita certos gestos para tocar minhas mãos, quer dizer, entrar em contato físico com meu corpo.

Bruscamente, ela pára o jogo e se isola balançando-se suavemente, desviando seu rosto. Depois, olha-me de novo, e como se deita quase nos meus joelhos, eu a sento no colo.

De início, ela fica imóvel, buscando o que fazer. Depois, se abandona sobre meu ombro, o olhar erguido para mim. Rapidamente se endireita, olha-me gravemente, pega o carrinho da cama para jogá-lo no chão, em seguida quer descer.

Senta-se na minha frente, oferece-me o carrinho, retoma-o e o joga longe, o rosto tenso: de costas para mim acaricia minha perna duas vezes, furtivamente.

Volta então a sentar-se debaixo da cama, de costas para mim, balançando-se muito. Eu a conduzo ao seu quarto, desorientada.

Durante esta sessão, Marisa oscila entre um Outro detentor do objeto do qual ela quer privá-lo, na forma do carrinho, e um Outro que ela interroga quanto ao lugar do objeto que ela poderia ser para ele, mas em vão: só resta a Marisa o lugar do dejeto.

Nestas duas primeiras sessões de sua análise, portanto, Marisa põe em cena sua relação com o Outro pelo viés do objeto. Num primeiro tempo, ela pega um objeto exterior ou coloca entre nós um objeto do material da sessão.

Mas, rapidamente, trata-se dela mesma em sua relação comigo: na transferência, ela coloca a questão, pondo-me à prova tanto de seu lugar de objeto para o Outro, quanto em retorno do lugar do Outro. Ainda não se trata da reciprocidade do amor.

Surge imediatamente um obstáculo concernente à natureza deste objeto, em função do abandono precoce sofrido por ela, e da ausência de um Outro de que padeceu, em seguida. Seu lugar de objeto amado, ela só pode colocá-lo em dúvida e, após ter pedido e aceito em sessão o meu afago, por um tempo relativamente curto, ela me repele com hostilidade, me dá as costas, ou mesmo refugia-se, num balanceio acusador. Ela pode então mostrar o objeto que é para o Outro, o qual não está no lugar de um "semblante" mas sim como um objeto *a*, ou seja, um dejeto que se joga fora ou um velho pedaço de pão que come olhando-me, para dizer-me o que ela é, ou melhor, o que fiz dela.

Tenta, uma vez, moderar um tal estatuto esboçando uma brincadeira de "cuco" comigo, rindo e, através desse jogo simbólico de presença/ausência, ter um lugar de semblante de *a*.

Na sessão de 7 de novembro a relação de Marisa com o objeto tomará outra dimensão, tanto do lado do objeto *a* como do lado fálico.

Quando chego, a enfermeira já havia dado o início de seu jantar e estava ocupada dando comida para outra criança. Marisa, de pé sobre o travesseiro, segurando-se nas bordas da cama, se balança, olhar ausente. Seus olhos dirigem-se para mim assim que chego, mas ela só parece me ver passados uns vinte segundos. Ela pára de se balançar e me sorri. Eu lhe falo, ela vem a mim e eu a conduzo a um quarto vizinho.

Lá, ela se apodera da boneca, estende-a para mim, e eu a faço dar bom-dia para a Marisa que ri e se remexe. Retoma a boneca, sacode-a e estende-a para mim parecendo esperar. Eu nino e acaricio um pouco a boneca. Marisa a pega de volta, apóia-a em seu braço, olha intensamente para ela, mas não a nina. Levanta-lhe a saia e me olha.

Nada tendo encontrado do lado fálico, joga a boneca no chão e vem sentar-se no meu colo, onde orienta sua pesquisa para o objeto do qual sou portadora: abre meu avental, olha minha camisa e esconde sua cabeça em meu peito, abandonando-se. Abraço-a, ela sorri, pega um de meus dedos, aperta-o, solta, torna a pegá-lo e o mantém por um bom momento. Mas seu rosto se entristece por ter falhado em tirar-me o objeto. Desce do meu colo, pega a boneca no chão e, de pé, vem se escorar entre meus joelhos, dando-me as costas. Lentamente, gira a boneca em todas as direções, matraqueando um pouco no início, procurando ali o que ali não encontra. Termina jogando a boneca no chão, senta-se e começa a se balançar violentamente, antes de partir engatinhando pelo corredor. Em seu balanceio, ela se desprende de mim, não sem mostrar-me que aquilo que falta à boneca — assim como a ela —, impele a esta depressão tão típica dos bebês, para quem o Outro falta por sua ausência ou por aquilo que não dá.

Quanto à boneca, ela aparece em duas dimensões: uma dimensão imaginária que tento introduzir fazendo desta boneca um pequeno outro, imagem dela mesma, que ela poderia ninar, tal como eu faço, pela via de uma identificação. Mas, não é de modo algum nesse lugar que Marisa a coloca. De fato, Marisa faz dela não uma imagem, mas um objeto de investigação, pesquisando aquilo que a boneca teria debaixo da saia: um pênis. Como não encontra o que busca, ela se volta para mim em busca do objeto do qual sou portadora, o seio, que permanece velado, e esconde sua cabeça em meu peito. Órgão da boneca, órgão do Outro, presença próxima de um real do objeto que ela refere a um dos meus dedos, o qual pega e mantém por um bom tempo.

Deve-se notar sua primeira emissão de fonemas (S_1). Retornaremos a isso. O fato dela jogar a boneca e balançar-se antes de fugir indica que sua busca do Outro não é uma simples presença em relação à ausência radical que conheceu, mas está ligada ao objeto deste Outro: depois do pênis não encontrado na boneca, volta-se inicialmente para o seio e, em seguida, para um representante do pênis que é meu dedo. Uma oscilação entre *a* e o pênis — que já podemos chamar de falo, visto que ele pode faltar — prosseguiu durante toda essa sessão.

Em 9 de novembro, quando chego, ela está tentando se levantar sozinha. Seu rosto é lúgubre, ela não me vê. Quando finalmente consegue ver-me, abre um sorriso e seus olhos se animam.

Anda até a mesa, senta-se e pega uma boneca que está ali, estende-a para mim. Faço a boneca dizer bom-dia, mas Marisa, furiosa, toma-a de volta, joga-a no chão, depois olha para mim.

No quarto para onde vamos, coloca todos os brinquedos no meu avental, fica furiosa se os devolvo, como se me fosse necessário ser completamente provida. Assim, ela interroga meu desejo; não pode suportar que eu lhe devolva os brinquedos, sobretudo a boneca, pois, se a boneca não é nada para mim, ela mesma também não é. Ela me diz o que gostaria de ser, apoiando-se em mim e acariciando minha perna, antes de fugir engatinhando para o outro canto do quarto. Só se acalma quando, retomando a boneca, estende-a novamente para mim e eu a seguro, ninando-a. Então, Marisa pode pegá-la e fazê-la dançar retomando o jargão da sessão precedente, desta vez cantarolando.

Ela vem para meu colo fazer-se ninar e abraçar. Cantarola algo que reconheço, sobre o quê posso colocar as palavras. Trata-se de "Dorme, maninho, dorme pra ganhar lolô". Quando digo "lolô", leite na linguagem infantil, aproxima-se com a fisionomia grave. Olha-me ansiosamente, quase hostil: ela está chocada. Encolhe-se de novo e não mais reage à palavra "lolô" que repito.

Pega e chupa meu lápis fazendo-se ninar, antes de partir para a outra cama com ele; por três vezes seguidas põe o lápis entre suas pernas, apoiado em sua fralda, depois o chupa novamente. Vem recolocar o lápis em meu bolso, sobe no meu colo para em seguida descer.

Colocada na cama em seu quarto, vai empoleirar-se sobre o travesseiro, balançando-se com uma expressão sombria e fechada.

Marisa, que me mostrou tantas vezes sua capacidade de simbolização, encontra-se como que confrontada, através do significante "lolô", a um elemento de seu recalcamento ligado ao brutal desmame sofrido por ela aos quatro meses.

Quando cantarola sem palavras, estamos no campo do significante puro, do significante unário S_1, que não faz sentido pois não passa de um som. As palavras que trago estão mais para a vertente de um S_2 mas, longe de apagar o S_1, juntam-se constituindo o gozo do Outro, correlativo à perda pura de Marisa.

Sua resposta, aliás, traz essa marca do gozo do Outro quanto à reivindicação do objeto, sob a forma do lápis que ela chupa e coloca três vezes seguidas entre suas pernas, encostado em sua fralda. Ela indica claramente o lugar do órgão em questão, mas, ao chupá-lo, estabelece a relação que Freud apontou entre o *Penisneid* primário e o "não bastante leite", onde o *Penisneid* acha-se inteiramente ligado ao objeto *a* oral.

Pela primeira vez, encontramo-nos, portanto, diante do *Penisneid* em Marisa, não sem que antes ele tenha sido presentificado, especialmente em sua busca sobre a boneca, imediatamente acoplada à busca do objeto no corpo do Outro. Esse *Penisneid* primário é consciente, embora ligado a uma parte mais obscura que concerne ao objeto perdido. Do mesmo modo, ele aparece sob a forma de uma privação cuja responsabilidade Marisa atribui ao Outro que sou eu, desde que seu tratamento se engaja: daí a hostilidade que ela vai manifestar para comigo.

Lacan escreveu na "Significação do falo": "(...) a menina considera-se, ainda que por um momento, castrada, na medida em que esse termo quer dizer: privada do falo pela operação de alguém, que inicialmente é sua mãe — ponto importante — em seguida, é seu pai, mas de um modo tal que devemos reconhecer aí uma transferência no sentido analítico do termo".[1]

Transferência, certamente — causa do "despertar" de Marisa na análise —, que restabelece a grande questão da divisão do sujeito, a de sua relação com o objeto e com o Outro.

Freud situa a fase fálica, a partir do final do primeiro ano ou início do segundo. Escreve ele: "É durante o prazer da sucção que a criança descobre a zona genital, fonte de prazer, pênis ou clitóris." Mas, acrescenta: "Não parece justificado atribuir às primeiras atividades que se relacionam com elas um conteúdo psíquico."[2] Haveria aí um real anterior ao recalcamento?

Ou, ao contrário, para Marisa, o próprio ponto de seu recalcamento da oralidade, o da sucção? Não concerniria ele o objeto específico da mamadeira, e não apenas o lápis, equivalente fálico? Esta é a questão — a do afastamento entre o objeto *a* e o falo — que interrogamos em Marisa.

Em 10 de novembro a sessão acontece, pela primeira vez, na sala de sessões, no segundo andar do outro prédio da instituição. Eu a ponho sentada na poltroninha perto da mesa onde estão colocados uma mamadeira, dois biscoitos, e três brinquedos entre os quais um carrinho e um bonequinho.

Ela pega um biscoito em cada mão e os balança. Estende um para mim, mordo a ponta e devolvo para ela. Mas o centro de sua atenção é a mamadeira; seu olhar retorna sempre sobre ela; Marisa não mais sorri, sua expressão é tensa e ausente. Termina por esticar os braços para a mamadeira, fora de seu alcance.

Eu aproximo a mamadeira. Instantaneamente, seu rosto se crispa e ela a repele violentamente com o braço, desviando a cabeça. Eu a recoloco lá onde estava, ela olha ainda durante alguns segundos, inquieta, balançando-se.

Já expliquei em *Naissance de l'Autre*[3], a presença desta mamadeira na sessão com Nádia, a partir de 13 de novembro, depois dela tê-la reclamado à enfermeira, na véspera, para o café da manhã, isto é, fora da sessão. Escrevi então que, em minha mente, não visada prover Nádia com um objeto de consumação e de satisfação oral, mas sim de interrogar sua demanda ao Outro, na transferência. Sem dúvida, Nádia com 15 meses de idade, ou seja, um ano mais nova que Marisa, faz dessa mamadeira inicialmente um objeto oral de preenchimento, ao modo da necessidade, o que até agora ela conhecera, mas, rapidamente, ela faz dele o objeto do Outro, objeto de sua demanda e, assim, ela o negativa no lugar do objeto *a*.

É neste lugar de *a*, e não no de objeto de satisfação da necessidade, que Marisa a coloca de imediato, tal como sua atitude o ressalta desde o primeiro encontro com a mamadeira. Ela se torna centro de sua atenção provocando-lhe uma viva reação de tensão, e um rosto contraído.

Tudo nesta cena indica, portanto, a maior ambivalência para com o objeto, original com certeza, mas que perdeu definitivamente todo o caráter de consumação oral, pois jamais Marisa beberá ou aproximará sua boca do bico da mamadeira, nem dele se servirá para fazer de conta de dar de mamar à boneca. Fora da necessidade a mamadeira aparece, portanto, já de saída, como um objeto do Outro, inatingível, um objeto pulsional: o objeto *a*.

Durante as sessões seguintes, até 18 de dezembro, Marisa se ocupará com esse objeto doze vezes pelo menos, de formas variadas, mas sempre como objeto do Outro que ela tenta alcançar, em vão, por algum subterfúgio: seja atribuindo-o a mim, misturando-o com os objetos em meu avental, seja tentando negativá-lo ao experimentar quebrá-lo, seja colocando-o fora do alcance do olhar, tanto do seu quanto do meu, atrás dela ou atrás de mim.

Em 13 de novembro, isto é, na segunda vez que ela encontra a mamadeira em sessão, prossegue em seu esboço de mutação desse objeto, do *a* ao seu valor fálico. Inicialmente, ela me dá o objeto, privando-se dele, portanto, sem dividi-lo, de acordo com o estatuto do objeto *a*, que não se partilha. Ela sabe disso tão bem que, no mesmo instante, pega dois tabletes de açúcar, come um e me dá o outro, passando então do objeto *a* para um objeto oral comum que se divide — o açúcar ali está como lembrança do que foi a mamadeira enquanto objeto oral da necessidade.

O que ela é agora, Marisa o demonstra logo em seguida, fazendo pipi de pé, enquanto, ativa e agressivamente joga areia na água de uma bacia que ali está. Este pipi não é mais uma perda, pois tornou-se a manifestação de uma reivindicação fálica endereçada a mim, e que esperou satisfazer pelo viés da partilha oral. Falhou, e sua frustração a faz esbravejar logo que a reconduzo ao jardim de infância.

Do representante do objeto anal — areia — ao objeto uretral — a mamadeira — passou do estatuto de objeto *a* da pulsão, inatingível, ao objeto do Outro, quer dizer, ao campo da representação fálica.

Em 27 de novembro, embora eu tenha estado ausente por 15 dias, ela tenta retomar a partilha oral, mas não consegue. Um tablete de açúcar em cada mão, Marisa além de não me dar um, como da vez precedente, deixa cair seu braço ao esboçar o gesto de levar um tablete à boca. Ela só poderá comer quando instalada em meu colo, no lugar do objeto sem divisão, de algum modo.

Os dois únicos sinais que manifesta de minha presença são: levar o biscoito à minha boca sem me olhar, depois esfregar açúcar em meu relógio e em minha mão, tentando, assim, fazer deles objetos do corpo do Outro.

A sessão é curta e, de volta ao jardim de infância, ela quer vir ao meu colo. Apanha o lápis que caiu de meu bolso, segura-o — pode segurá-lo, eu diria.

Em 28 de novembro, quando me vê, sai engatinhando para a sala anexa. Continuo a lhe falar, ela volta lentamente e sobe no meu colo, rindo. Eu a levo.

Durante toda a sessão ela mantém bastante contato comigo. Coloca, inicialmente, em cada mão, os pedaços de açúcar e os biscoitos, olha-os longamente sem comê-los, depois olha para mim de modo interrogativo: sua pergunta ao Outro concerne, poder-se-ia dizer, ao valor representativo desses objetos comuns, a seus olhos e aos meus.

Aliás, bate na mamadeira com os biscoitos estendendo a mão para ela. Eu aproximo a mamadeira, ela sorri, mas joga a cabeça para trás e afasta a mamadeira com a mão. Assim que eu a recoloco sobre a mesa, ela sorri, aliviada. Ela pode vê-la, mas não pegá-la, é o que confirma quando me faz colocar em sua boca um torrão de açúcar, que, desta vez, simboliza excessivamente a mamadeira que queria, e Marisa o cospe.

No decorrer dessa sessão, seu estrabismo chamou minha atenção: quando está emocionada com minha presença, ela vira a cabeça para a direita e me apresenta seu perfil esquerdo, ou seja, com o olho direito ela olha a janela, dirigindo para mim seu olho esquerdo sem olhar.

No momento da sessão de 30 de novembro, Marisa consegue fazer circular o objeto entre ela e mim, e mesmo superar sua inibição para apropriar-se do objeto, ainda que à minha custa. Ao mesmo tempo, fez sua entrada na palavra articulada: a atendente assinala-me que Marisa disse sua primeira palavra, "dodô", esboçando a passagem do objeto inatingível ao significante.

Ela vem para mim andando sem apoio, depois se esconde atrás do armário, avançando um pouco para olhar-me, rindo: brincadeira de "cuco" onde é ela mesma quem se faz de objeto de uma presença/ausência.

Em sessão, bem escorada no sofá, lança um olhar sobre todos os objetos da sala, roendo um biscoito, depois um açúcar, antes de vir para meu colo, onde se faz acarinhar.

Ter e ser concernem Marisa neste momento, excluída a partilha precedente, pois muitas vezes coloca um biscoito entre meus lábios, não querendo que eu o coma.

Pela primeira vez, pode-se aproximar da mamadeira: ela hesita, depois a encobre com uma folha de papel. Veremos a importância do véu na passagem do objeto real ao objeto fálico.

Ela dá e toma o carrinho matraqueando e dizendo seu primeiro significante "totô"; depois deste significante, ela pode retornar à mamadeira: ela a pega, levanta e recoloca com força, como se quisesse quebrá-la. Finalmente, balança a mesa e a mamadeira cai. Ela a olha ansiosamente no chão. O véu não foi suficiente, ele foi tentada a destruir o objeto.

Sacode violentamente a boneca (será uma autocensura?). Examina a cabeça dela e me faz beijá-la (fazer-se perdoar?). Antes abraça a boneca com força.

Torna-se ansiosa enquanto toca meu avental, depois o seu, ou seja, ainda o véu, o meu e o seu, o véu sobre o objeto. Volta a sentar-se em sua poltrona, põe a boneca sobre a mesa e seu rosto se fecha ao perceber, novamente, a mamadeira no chão. Começa a se balançar sem me olhar, num movimento depressivo relacionado com a queda do objeto do Outro.

Será essa a razão pela qual adoece, nos dias subseqüentes, com uma otite dupla? Como não posso conduzi-la à sessão, vou vê-la em seu quarto, onde sua hostilidade para comigo domina. Está muito zangada comigo, o que a torna ansiosa, tanto assim que, de vez em quando, demonstra sua identificação ciumenta; por exemplo, quando uma outra criança vem se apoiar em mim, ela quer imediatamente vir para meu colo — que havia deixado antes — e estende um brinquedo à criança.

Em 5 de dezembro ela está melhor. A enfermeira me diz que Marisa, em sua vida cotidiana, tornou-se esperta. Em seu quarto, levanta-se, implica com as outras, empurra as camas, tenta abrir a janela e a porta, subindo em seu sofá. Quando chego, estão trocando sua roupa, ela se põe a chorar. Será por estarem retirando o véu da fralda?

Na sala de sessões, sentada em sua poltrona, ela inicia seu balanceio depressivo, depois mastiga um biscoito. Pega, em seguida, a boneca e inspeciona bem de perto seu vestido, as pernas e o que há sob o vestido matraqueando muito, isto é, associando a busca do órgão à do significante.

Depois vai buscar o carrinho que estende para mim dizendo: "Toma, totô!" Eu o faço girar uma volta e ela dá gargalhadas, fazendo ela mesma uma volta com o carrinho, imitando o barulho do motor. Ela me dá o que não encontrou na boneca, sob a forma do carrinho, escandindo-o de um significante.

Porém, muito mais significativo é a mamadeira que deposita em meu avental, juntando depois outros brinquedos. Ela senta-se aos meus pés, ansiosa, retoma todos os brinquedos, mas deixa a mamadeira para mim. Olha-a, volta a sentar-se em sua poltrona. Sua ansiedade cai bruscamente e ela retorna, senta-se a meus pés, metade do corpo deitado em meu colo, onde remexe na mamadeira por longo tempo, inicialmente tocando-a de leve, depois agarrando-a de verdade e inspecionando-a demoradamente. Pela primeira vez ela está relaxada diante da mamadeira, após dar um significante ao objeto "totô". Depois dessa longa contemplação, ela retoma a mamadeira colocando-a atrás de si. Vem, então, fazer-se acariciar em meu colo.

Evidentemente, o fato de colocar a mamadeira no lugar de falo do Outro permite que tome, ela própria, esse lugar — quando retira a mamadeira, colocando-a atrás de si.

Em 7 e 8 de dezembro realizam-se sessões de elaboração para Marisa, onde ela prossegue na passagem do objeto real à cadeia metonímica. Após ter, de fato, verificado que todos os objetos lá estão, formando, portanto, uma certa totalidade, ela não descansa enquanto não os torna intercambiáveis: troca, por exemplo, o lápis pelo biscoitos que come, segurando e chupando o lápis, olhando a mamadeira, dando-me os brinquedos e a mamadeira para, em seguida, retomá-los, tudo isso entrecortado com olhares que me endereça, como se interrogasse meu desejo.

Ela pode igualmente tomar seu lugar na série dos objetos, ainda que por um instante. Enfim, tal como no final da sessão anterior, ela pode privar-me da mamadeira para depô-la atrás de si e substituí-la, inicialmente, pelo carrinho, depois por seu próprio pé, que desnudou, vindo, enfim, ela mesma, tomar o lugar de todos os objetos no meu colo, num ímpeto de ternura.

Em 11 de dezembro, ela ainda está muito inibida diante da mamadeira e a olha com uma expressão congelada. Num certo momento, me dá a boneca, equivalente fálico/criança, retomando-a rapidamente para jogá-la no chão. Depois de me haver privado deste objeto, ela vem ao meu colo para esconder, em minha veste, um pintinho de pelúcia, mas, desta vez ainda, ela o retoma sem demora, maravilhada. Apesar disso, ela torna a colocá-lo em mim, curvando-se para a frente tentando até olhar debaixo de minha saia, fazendo assim a equivalência fálica da boneca com o pintinho. Crispa-se angustiada e resmunga repelindo-me. Recomeça o mesmo jogo, quer dizer: ela interroga o Outro enquanto portador do falo.

Aliás, em 12 de dezembro, depois de muito hesitar, ela inspeciona a sala com o olhar e termina por encontrar, na areia, dois compridos pedaços de pau que dá para mim. É devido, principalmente, a um tipo de compulsão que os dá para mim, pois não está nada contente, mostrando-se agressiva, jogando areia na bacia que está atrás dela, sem olhar. Encontra, enfim, uma porta de saída para seu desconforto, vindo para meu colo esconder sob minha veste esses dois pedaços de pau, antes de retomá-los.

Pintinho, pedaços de pau, lápis, ela os esconde na altura do meu peito, entre minha veste e minha blusa. Este lugar, com certeza, não é indiferente no que tange à associação do objeto fálico com algum representante de um objeto mais original, oral, onde a equivalência fálica permanece muito presente. Reencontramos aqui a associação pênis-seio, do Menino do Lobo, mas o registro onde se situa Marisa nos impõe escrever "falo-seio". Neste sentido, pode-se evocar seu desmame, isto é, a secagem brutal do seio a qual ela foi submetida e que a impele a nutrir esse seio falicamente?

Destaca-se desta seqüência que, se Marisa está em busca do objeto fálico de modo tão insistente, ela demonstra o quanto o espera de mim. Ela o atribui a mim, acabamos de vê-lo, de um modo ou de outro, para, em seguida, retomar o objeto representativo que escondeu em mim numa espécie de dissimulação para que eu não saiba, mas que, todavia, salvaguarda sua demanda.

Em 14 de dezembro, a enfermeira me diz ter encontrado Marisa na noite anterior, rindo às gargalhadas ante a cabeça de um menininho em quem passara, como um xampu, a pomada Mitosyl, usada para curar assaduras. Ela mesma havia se empoado de talco. Estaria sua identificação atraída já para o masculino-feminino?

Eu a encontro sentada no penico — objeto que aparece aqui pela primeira vez — sobre o qual ela se desloca. Observo que seu aspecto é muito menos sujo que antes.

Em sessão, ela se aproxima de meu colo, mas não a pego pois ela sabe subir se quiser. Nesse momento, ela está muito hostil e seu estrabismo é extremamente forte.

Ela me dá um biscoito, pega a boneca, a faz dançar, depois quer colocá-la no meu colo, mas seu olhar se detém no berço. Suspende seu gesto e contempla longamente esse berço antes de colocar a boneca no meu colo.

Vai, enfim, até a caixa de areia e permanece nela em contemplação, antes de me dar os cubos que aí encontra, notando pela primeira vez a presença do penico que, no entanto, lá estava desde o início da sessão. Ela não se decide a tomá-lo e permanece imobilizada.

Dois objetos novos atraem a atenção de Marisa durante esta sessão, embora lá estivessem desde o início. O primeiro é o berço, onde tem muita vontade de colocar a boneca em vez de colocá-la no meu colo, quer dizer, separar esta boneca de mim e fazer dela um fora-corpo (*hors-corps*), mas ela não ousa. O segundo objeto é o penico, objeto que lhe é familiar, como pude observar pelo fato dela deslocar-se sobre ele quando cheguei. Ele tem um sentido completamente diferente na sessão. Ele está ligado, dentre outros, e ela o sabe, ao presente anal ao Outro.

Esse encontro não é sem conseqüências para as duas sessões seguintes, a 15 e 18 de dezembro.

Em 15 de dezembro, ela mostra certa reticência ao subir para a sessão onde, no início, está hostil, balançando-se com forte estrabismo. Roendo um biscoito, seu olhar se detém na mamadeira e seu balanceio é acentuado.

Ela se levanta para vir me dar um biscoito, mas, na metade do caminho, ela volta para sua cadeira dizendo, "não-não", por duas vezes.

Vem, em seguida, fazer-se acariciar em meu colo, mas desce para o chão rapidamente dizendo "não-não". Ela põe a boneca em meu colo depois de havê-la abraçado.

Sacode violentamente a mesa para derrubar a mamadeira. Ela vai em sua direção e o leite esguicha. Marisa fica com muito medo e volta para sua cadeira de onde, aterrorizada, olha a mamadeira. Vem esconder-se em meu colo para olhar-me longamente e reencontrar o sorriso.

Em seguida, vai esfregar um copinho nas poças de leite antes de tentar enfiá-lo dentro de um saco de papel, sem consegui-lo.

Em 18 de dezembro, ela me recusa — na maior parte do tempo, a não ser quando uma outra criança se agarra a mim; quando entra em contato comigo, Marisa o faz dizendo "não-não". No decorrer desta sessão, olhando para mim ela dirá muitas vezes "não-não".

Amontoa em meu colo todos os objetos da sala. Se um dentre eles cai, ela repõe todos os objetos sobre a mesa; depois, constatando que nada mais caiu, ela os coloca no meu colo. Hesita por muito tempo em juntar a mamadeira com esses objetos. Mostra-se atraída pela areia e pela água mas não pode decidir-se a usá-las. Por uma vez, mergulha sua mão na água, mas não recomeça. Não toca na areia, apenas na caixa que a contém, ao mesmo tempo que remexe em sua fralda, enquanto bate com um pé na parede atrás dela.

Ao voltar, diz um alegre "bom-dia" a uma enfermeira, mas parece inquieta quanto à minha reação.

Tudo se passa como se o encontro do penico, por Marisa, no espaço da transferência, por mais discreto que tenha sido, tivesse invertido a demanda que Marisa endereçava a mim, substituindo-a pela que sou suposta a dirigir-lhe. Daí seus "não-não" reiterados; eles são uma resposta e a expressão significante que se impõe à criança confrontada com o objeto anal.

A separação do objeto que se perfila concerne igualmente o objeto do Outro e o seu. Daí o fato dela reunir todos os objetos sobre a mesa ou no meu colo e, ainda que lhe custe a eles juntar a mamadeira, e, sobretudo, a exigência de que nada caia, nenhum objeto, nem da mesa, nem de mim. Que nada caia tampouco de sua fralda que esfrega, sempre batendo com seu pé na parede — como um gesto propiciatório diante da iminência do que ela gostaria muito de impedir. Mas, essa fricção na fralda é também a causa de uma sensação; Freud fala nesse momento de masturbação infantil.

O conflito que culmina na transferência não é absoluto — e Marisa assim o quer; diz um alegre "bom-dia" a uma enfermeira na volta da sessão, sempre olhando-me.

NOTAS

1. Jacques Lacan, "La signification du phallus", in *Écrits*, op.cit., p.686.
2. Sigmund Freud, "Quelques conséquences psychiques de la différence anatomique entre les sexes" (1925), in *La Vie sexuelle*, Presses Universitaires de France, col. "Bibliothèque de Psychanalyse", 1969, p.126.
3. Rosine e Robert Lefort, *Naissance de l'Autre*, op. cit., p.51.

CAPÍTULO IV

A fase fálica 2
O *Penisneid*: do *a* ao significante S_1: $\frac{\$}{a} \rightarrow S_1$
O gozo do significante

Se, na seqüência precedente, Marisa estimulou a fase fálica com o objeto *a* numa relação *a*/-φ, ela introduz, em 19 de dezembro, a dimensão propriamente significante desta fase com seu significante unário enigmático: "cho-cho-cho".

Na ocasião, ela empilha primeiro todos os objetos dentro do meu avental, depois, perto da areia — que já a interessara na véspera —, ela reclama alguma coisa, esfregando sua fralda e seu avental, dizendo "cho-cho-cho", o dedo em riste apontado para mim, com um jargão explicativo de entonações variadas. Como ela repete diante do penico esse significante enigmático, pronuncio, interrogativamente, a palavra "cacá". Encantada, ela repete, faz com que retirem sua fralda e senta no penico onde fica por dez minutos, repetindo "cacá cacá", sem nenhum estrabismo. Como ela estica os braços e dedos para o meu avental, sempre sentada no penico, eu nomeio os objetos a fim de perguntar-lhe qual deles ela quer (caixa, boneca, copo, mamadeira) mas, a cada objeto que nomeio, ela diz "não-não-não". Joga sua fralda suja no chão antes de partir, muito relaxada, renunciando ao objeto em benefício do significante, que passa para o primeiro plano.

Em 21 de dezembro, ela começa por empilhar todos os objetos, inclusive a mamadeira, em meu avental. Depois, vai contemplar a areia, esfrega sua fralda, faz pipi nela dando-me um cubo da caixa de areia. Pega os outros cubos da areia e joga-os na bacia com água.

Em seguida, vem para mim, me olha, esfrega sua fralda dizendo "cacá". Tiro sua fralda e, com ar satisfeito, ela senta no penico que não abandonará até o final da sessão.

De início, ela me olha resmungando de um modo suplicante e, da mesma forma diz, "cacá-cho-cho" esticando para mim seus dois dedos indicadores. Repete muitas vezes, sempre suplicando. Confirma, desse modo, a passagem que fez da reivindicação do objeto à demanda, quer dizer, do irrepresentável da pulsão à sua face significante, que se escreve no segundo andar do grafo de Lacan: $\$ \lozenge D$.

Mas eu não compreendo e digo isso a ela. Então, ela pega sua fralda molhada — voltando assim ao objeto —, remexendo-a longamente, sacode e joga-a embaixo de minha cadeira da qual, a seguir, arranha a parte de baixo, olhando-me e dizendo "cacá", refazendo, no meu nível, a passagem do objeto ao significante, exatamente como eu havia dito, e que lhe dá a esperança de ter sua demanda ouvida.

Nos últimos dez minutos, ela se absorve na manipulação de brinquedos na bacia d'água, molha sua mão, depois a minha, sempre em simetria com o que acaba de fazer com a fralda molhada. A seguir, no mesmo modelo, borrifa abundantemente com água a frente de seu avental e, uma vez bem molhado, enrola-o junto com o vestido até seu umbigo, ou seja, dá novamente ao significante, ligado à queda da fralda molhada, seu peso de real: a cicatriz umbilical.

Uma questão persiste: a natureza desse significante "cho-cho-cho".

É um significante enigmático, "um significante que se propõe a si mesmo como opaco, que é a posição do enigma enquanto tal. Este significante é um traço, mas um traço apagado. Distingue-se do signo, no sentido em que o signo é o que representa alguma coisa para alguém, enquanto que o significante é o que representa um sujeito para um outro significante."[1]

Não compreendo o que ela quer dizer com seu significante; sou levada, porque ela olha o penico, a pronunciar o significante "cacá" interrogativamente. O fato dela estar encantada com meu significante "cacá", assinala a passagem de um significante puro que nada significa, para um outro que o faz significar. Que tenha passado para o campo próprio do significante é o que demonstra ainda quando, sempre sentada no penico, repete o significante "cacá" esticando um dedo para meu avental, onde empilhou objetos, e diz "não-não-não" a cada objeto que nomeio, para perguntar o que ela quer.

Contrariamente ao que se passou na ocasião das sessões de 15 e 18 de dezembro, esse "não-não" não significa a recusa em responder à demanda suposta do Outro, guarnecida do temor da perda de um dos objetos, mas sim a recusa dos objetos como tais, ou seja, sua negativação. Marisa, portanto, fez a passagem da busca do objeto sobre o Outro para o significante do Outro, anulando o objeto enquanto tal.

Dada a idade de Marisa, a sensibilidade que imediatamente testemunha ao significante "cacá", relacionada com o peso específico do objeto anal, não deve nos surpreender — Freud insistiu muito nisso em sua elaboração do *Penisneid* — mas, para Marisa, o ponto principal está no fato do significante tomar, ao lado da função corporal de expulsão, um lugar que se confirmará em primeiro plano.

Marisa, aliás, associa na sessão seguinte, 21 de dezembro, o significante que eu disse ao seu significante em "cacá-cho-cho", onde o segundo significante, "cacá", toma a frente do primeiro, "cho-cho", que não mais será enunciado.

Poder-se-á dizer que esse significante "cho-cho-cho" é um S_1, quer dizer, um significante unário, significante-mestre, significante da "alíngua", para retomar os termos de Lacan,[2] na espera de um significante do Outro, S_2, que vá significar o primeiro, apagando-o? Marisa, assim, faz a associação entre meu significante que faz sentido, e seu significante "cho-cho-cho", que não o faz — o que é próprio do significante da alíngua — destinado a cair. Este S_1, significante-mestre, que fará "enxame" — ver-se-á, é um "significante que não tem significado e que, quanto ao sentido, simboliza seu fracasso".[3] Ele vem, pelo ato de Marisa, acoplar-se, holofrasear-se com o significante do objeto perdido enquanto tal, no nível do funcionamento do corpo. Mas o S_2, que o designa por minha boca, deixa o objeto na parte inferior como um resto inatingível, o *a*. S_1 e *a*, portanto, sofrem o mesmo destino mas, mesmo caídos marcaram, na relação com o Outro, o campo do gozo. Gozo do significante S_1 inicial antes que o S_2 parasse esse gozo, interditando-lhe o acesso ao *a* como tal.

O primeiro matema, $\$/a$, que concernia a perda do objeto, torna-se:

$$\frac{\$}{a} \rightarrow S_1$$

por seu significante "cho-cho-cho", e depois: $\frac{\$}{a} \rightarrow \frac{S_1}{S_2}$ por meu significante "cacá". Esta localização de uma produção do Outro do significante acarreta o advento de uma estrutura de discurso segundo o modo do discurso histérico.

Sublinhemos aqui que o S_2 só surge pela intervenção do Outro — acrescentemos, inclusive, da voz do Outro enquanto objeto *a* — e, de modo algum do S_1, que ele irá apagar. É o que Lacan anotou no matema do discurso do mestre, que é o discurso do inconsciente:

$$\frac{S_1}{\$} \rightarrow \frac{S_2}{a},$$

o qual se esclarece pela regressão do discurso histérico, ou seja, por rotação de um quarto de giro no sentido dos ponteiros de um relógio: $\frac{\$}{a} \rightarrow \frac{S_1}{S_2}$.

No discurso da histérica, o $ está acima da barra e encontra-se "desse modo duplicado por esse significante [S_1] do qual, em suma, nem mesmo depende; este $ tem de dizer respeito apenas, enquanto parceiro, ao objeto *a* inscrito do outro lado da barra"[4] ou, na fórmula do discurso histérico, sob a barra. A continuação do texto de Lacan aplica-se igualmente a Marisa: "Só [é] dado [ao $] atingir seu parceiro sexual, que é o Outro, pelo intermédio disto que é a causa de seu desejo [...] a conjunção apontada por este $ e este *a*, não é nada mais do que a fantasia."[5]

Que o "cacá-cho-cho" assinale a perda do objeto, Marisa, nessa mesma sessão, indica toda sua amplitude. Ela, de fato, diz seu significante, estendendo para mim seus dois dedos indicadores, com um ar suplicante da demanda.

Que demanda? Marisa, aqui, não se refere de modo algum à demanda de excremento pelo Outro, típica da fase anal. Aqui, é Marisa quem me dirige sua demanda, com um tom suplicante, demanda que não pode ser a do objeto anal, mas sim a do S_2 que eu lhe disse. Seu *Penisneid* passou pela vertente fálica por esta dimensão da demanda propriamente significante.

Resta elucidar uma questão: a da diferença entre a reação que Marisa teve em 9 de novembro, a propósito do significante "lolô" que eu disse, e a de 19 de dezembro, quando digo o significante "cacá": "lolô" a sidera, "cacá", encanta-a.

Nossa hipótese é a de que "lolô", o qual isola dentre outros significantes da caução, surgiu de minha boca sem que, anteriormente, embora cantarolasse, ela tivesse emitido um significante seu enquanto S_1. "Lolô" está, portanto, no lugar de S_1 e não de S_2, como "cacá", e é gozo do Outro, deixando-a frente à sua perda pura, perda que ela exprime bem intensamente chupando o lápis, símbolo fálico e, em seguida, batendo com ele em sua fralda.

Vê-se aqui que o S_2 não emana do S_1; o S_1 é necessário em sua primariedade, para que S_2 advenha em seu lugar. Não há significante puro além de S_1, o qual não representa o sujeito, pela falta de um outro significante por vir, mas que é gozo, de tal modo que se o significante emitido pelo Outro está em posição primária, é de seu gozo que se trata. Quando ele está em S_2, ele apaga S_1 fazendo parar o gozo do sujeito e, por isso, o do Outro.

A 22 de dezembro, ela só se aproxima porque uma outra criança agarra-se a mim. É uma sessão ligada nos objetos sob a forma de papel e do lápis, que pega em meu bolso, mas, desta vez, ela vai esconder-se atrás de mim. Duas vezes ela os devolve a mim, depois retoma-os e volta a esconder-se, como se eu não devesse vê-la com os objetos.

Num momento, ela os deixa em meu avental, depois, olhando-me, faz pipi de pé, em sua fralda, olhar ausente. Mas quando volta para pegar o papel e lápis, esconde-se novamente atrás de mim. Assim, é com insistência que ela se esconde quando tem os objetos, para que eu não veja que ela os tem, embora, ao contrário, permaneça sob meu olhar enquanto faz pipi, ou seja, ela mostra sua perda do pênis.

Seu estrabismo está menos acentuado e, sobretudo, ele é variável.

A 24 de dezembro, ela amontoa todos os objetos no meu colo, pega lápis e papel do meu bolso e esconde-se atrás de mim. Vem recolocar o lápis em meu bolso esfregando sua fralda em mim num jogo masturbatório como se, no lugar do lápis-pênis que devolveu, ela mostrasse, mesmo assim, seu gozo, então dissociado do objeto.

Ante a essa fricção da fralda, pergunto se ela quer que eu a retire: ela se dispõe a isso, pega o penico, coloca-o atrás de mim, senta-se nele e põe-se a salmodiar "cacá-cacá", esticando uma vez seu dedo indicador para mim como fizera dizendo "cho-cho-cho", religando o gozo anal ao significante.

Mas este significante "cacá" é do Outro e ela se faz objeto do Outro, enroscando sua fralda em suas pernas. Então, sempre sentada no penico, pega a boneca e a faz dançar, depois bate com ela no chão, terminando por escondê-la completamente sob a fralda dizendo "dodô", fazendo dela um objeto fálico anal do Outro. "Dodô", é o primeiro significante que ela disse, mas é também o significante do Outro que ela certamente ouviu com freqüência, devido às suas permanentes dificuldades de sono inicial.

Devolve-me a boneca impondo-me fazê-la dormir, depois estende-me a fralda. Suponho que ela queira que eu a coloque na boneca, mas trata-se dela mesma, pois levanta-se do penico, onde fez um pouco de diarréia, olha, olha-me e aguarda, sorrindo e matraqueando alegremente, enquanto eu devolvo-lhe sua fralda. Ela parece orgulhosa desse primeiro presente que me deu, com reticências, certamente, e ela não o renovará por longo tempo. Mas, nesse momento, seu contentamento relaciona-se com sua resposta ao desejo do Outro. Ainda que não passe de um indício, é o indício de que mais-além do objeto, a relação com o Outro passa pelo significante do objeto "cacá", desencadeador para Marisa de sua entrada ativa no significante.

No decorrer dessa sessão, a equivalência freudiana entre pênis, criança e fezes fica inteiramente clara enquanto metafórica.

No dia seguinte, 25 de dezembro, ela esta doente, febril. No quarto vizinho, que está vazio, entrega-se a um jogo com a fralda, fazendo-me tirá-la e recolocar nela, jogando, de algum modo, com a presença e a ausência do objeto, mas sem ir, desta vez, para o penico. Seu estrabismo está acentuado.

Em 26 de dezembro, amontoa tudo em meu colo, depois faz de conta que me dá biscoitos e açúcar, retomando-os em seguida, contrariamente à divisão que praticou até agora. Retoma até mesmo a mamadeira, coloca-a sobre a mesa bruscamente e instala a boneca ao lado. Nessa dupla de representantes fálicos, identifica-se à boneca. Ao puxar a mesa para si, faz cair a mamadeira. Ela olha-a, "medusada", e vem sentar-se no meu colo, apavorada com essa queda. Acalma-se pegando o papel no meu bolso, mas não o lápis. Recusa-me assoar seu nariz que escorre, mas quer meu lenço que vem pegar em meu bolso, e volta a sentar-se. Faz dele uma bola que amassa com gozo, depois joga-a, tal como joga sua fralda molhada, às vezes. Além disso, ela quer que eu retire sua fralda e tenta colocá-la sobre mim, apoiando-a sobre minha barriga e puxando-a entre minhas pernas. Ela não consegue; coloca a fralda sobre a mesa e passeia pelo quarto. Ela falhou no que visava: fazer de mim seu objeto com a fralda, após ter recusado ser o meu quando quis assoá-la, numa simetria A e *a*.

No dia 28 de dezembro, ao ver-me, ela vai sentar-se no colo da atendente. Subindo para a sessão, ela diz "cacá" que será a palavra-mestre da sessão. Ela amontoa tudo no meu colo com uma das mãos, e com a outra instala a mamadeira de pé apoiada em mim, repetindo "cacá-cacá", não deixando nenhuma dúvida sobre o valor fálico desse significante, já que ela o diz a propósito da mamadeira. Então, por várias vezes, ela desamontoa e torna a amontoar os objetos no meu colo, repetindo sempre "ca-ca-ca", sob o modo ternário de seu "cho-cho-cho". Amontoando os objetos sobre mim, ela me coloca dessa forma na posição de dar-lhe o objeto.

Passa, a seguir, a um outro objeto, os biscoitos, que me dá, retoma, torna a dar-me, sempre dizendo "ca-ca-ca" com um ar tenso, mostrando o lugar fálico-anal tanto dos biscoitos como de tudo, inclusive dela mesma, pode-se dizer. Ela relaxa pegando meu lápis e esvaziando a mamadeira sobre meu avental e minha mão, sempre a matraquear.

Com um pratinho, joga areia no chão e, enquanto isso, faz pipi em sua fralda. Depois, com gozo, remexe na areia derramando pelo assoalho, em minha direção, com muita violência. Num instante, vai colocar o açúcar na areia, misturando assim objeto oral e representante do objeto anal que é a areia. Aliás, ela termina a cena inclinando seu rosto até bem perto da areia, antes de jogar um pouco dentro da bacia com água. Visivelmente, ela goza com o que faz e com sua agressividade para comigo.

Ao descer, após uma hora de sessão, seu rosto mantém a expressão tensa e seu estrabismo é acentuado.

O "cacá" pôde assim, por intermédio da areia que o representa, tornar-se um objeto oral, quando, no momento da sessão seguinte, ela finge comê-la, quer dizer, incorporar oralmente o objeto. Não daria ela então ao excremento, objeto da demanda do Outro, a função de objeto oral enquanto demanda ao Outro numa inversão da demanda como já vimos? O excremento é, de fato, um representante fálico, ou seja, um significante que possibilita a utilização primordial da demanda, não importa qual seja seu objeto.

Esta areia serve também para agredir-me no final da sessão, quando a joga em mim, como se para destruir-me por eu não ter lhe dado o que esperava, ou seja, o objeto que detém, embora perdido, o peso da demanda. Neste momento, seu estrabismo está no ponto máximo.

A natureza sintomática do estrabismo aparece nessa cena de agressividade contra mim, na medida em que acompanha minha exclusão e é testemunho deste "interior excluído" que, para retomar os termos de Freud no *Entwurf*, é "excluído no interior". É nestes termos que Lacan evoca *Das Ding*: "Nada mais próximo desse real, *das Ding*, que a mãe radicalmente perdida, cujo eco no sujeito só pode retornar no real das pulsões das quais *das Ding* é o lugar",[6] ou seja, com a demanda. Isto é o que interrogamos aqui, através do olhar de Marisa, cujo estrabismo é a própria expressão da exclusão interna.

NOTAS

1. Jacques Lacan, *Le Séminaire*, livro X: *L'Angoisse*, inédito, 12 de dezembro de 1962.

2. Jacques Lacan, *Le Séminaire*, livro XX: *Encore*, Seuil, col. "Le Champ Freudien", 1975, p.130. [Trad. bras.: *O Seminário*, livro XX: *Mais, ainda*. 2ª ed. rev. Rio de Janeiro, Jorge Zahar, 1989.]

3. Ibid., p.74.

4. Ibid., p.75. Ver esquema p.64.

5. Idem.

6. Jacques Lacan, *Le Séminaire*, livro X: *L'Angoisse*, op. cit., 19 de junho de 1963.

CAPÍTULO V

A chegada do Menino do Lobo desencadeia a recusa, a agressividade e a fuga de Marisa. Resolução pela metáfora

Abordaremos agora a relação de Marisa e Robert, o Menino do Lobo, quando ele chega a Parent-de-Rosan, estando ela em análise há dois meses; em sua violência, ele tenta arrancar-me dela.

O primeiro encontro de Marisa e Robert acontece em 30 de dezembro quando Robert, não mais podendo ser tolerado no *lazareto**, passa para o jardim de infância. Ele tem, aproximadamente, quatro anos, é bem maior do que a média das crianças e é, particularmente, quase dois anos mais velho que Marisa. Seu desenvolvimento estaturo-ponderal corresponde à sua idade, contrariamente ao de Marisa, bastante atrasado. Ele chegou a Parent-de-Rosan em 25 de dezembro e eu já o vira algumas vezes, o que explica, dada a transferência maciça própria da psicose, a violência com a qual ele se precipita para mim, cada vez que me encontra.

Essa violência produz-se em 30 de dezembro, quando venho buscar Marisa, que não tem muita pressa para que eu me aproxime, devido a sua atual ambivalência por mim; na medida em que Robert agarra-se a mim,

* Lugar onde são colocadas as crianças novatas na instituição, a fim de serem observadas, para evitar riscos de contágio.

ela se precipita ao meu colo. Eu falo de seu ciúme que a força a vir comigo, mesmo que isso lhe seja penoso. Imediatamente, ela faz pipi em sua fralda, sinal de uma defesa relacionada ao seu pânico diante de Robert. Torna-se em seguida muito agressiva comigo. Amontoa todos os objetos em mim, apressa-se a colocar a mesa e o berço entre nós, depois, cada vez mais furiosa, joga areia na água da bacia, no berço, em mim e na poça de pipi.

Essa passagem do pipi para a areia não é indiferente, pois, se o pipi tem a ver com o pênis numa presença/ausência, a areia é mais diretamente um representante anal. Portanto, não é mais, como em 19 de dezembro, o significante "cacá" que está em causa, mas um representante do objeto que vem ocupar o primeiro plano para Marisa; ele permanecerá aí por longo tempo, com toda sua carga pulsional agressiva.

Entretanto, ela retorna sobre a causa de sua raiva. Estende-me a boneca levantando a saia dela bem alto para mostrar-me a ausência de pênis. Quer que meu lenço sirva de fralda para a boneca, como meu véu sobre essa ausência e, sempre esfregando sua fralda — o que vimos ser um equivalente masturbatório que se tornará freqüente nas sessões seguintes —, vem pegar o lápis do meu bolso, mas não pode guardá-lo; dirige-se bruscamente para um biscoito que me oferece, por trás de mim, sobre meu ombro, sem pegar um para si. A reconciliação comigo termina quando, por comparação faz-me arregaçar suas mangas, tal como as minhas, identificando-se a mim através desse traço fálico.

Essa primeira sessão depois da chegada de Robert esboça os traços que vão dominar o tratamento de Marisa, ao longo do mês de janeiro: 1) A competição com Robert pela minha posse, que não mais lhe deixa a escolha de exprimir sua ambivalência para comigo e com a sessão. Ela deve, poder-se-ia dizer, remediar o que é mais urgente, ou seja, retomar-me; 2) Ela exprime de forma cada vez mais viva, como uma acusação, sua ausência de pênis; 3) Mostra-se então muito mais agressiva que antes para comigo; 4) Retorna ao objeto *a*, isto é, aos representantes pulsionais do lado oral — o biscoito que não pode tomar de mim — ou anal — a areia que me joga; 5) Ela se volta para o imaginário, para a imagem em espelho comigo, que vai utilizar, seja positivamente como no final da sessão de 30 de dezembro, seja de modo negativo, como quando se vira de costas para mim, em 3 de janeiro, deliberada e insistentemente.

A 1º de janeiro, chega para mim sorridente, mas paralisa-se quando Robert grita querendo ficar comigo depois da sessão que acaba de ter. Seu estrabismo, relacionado à perda iminente de seu Outro que sou eu, neste momento está no máximo.

Ela me dá os objetos, mas guarda um urso com o qual me importuna, fazendo de conta querer dá-lo a mim para retomá-lo, durante dez minutos; solta muitos puns no decorrer desta sessão. Num dado momento, abre minha mão para arranhar a palma com o urso, isto é, dar-me nada.

Em 3 de janeiro, a cena com Robert reproduz-se ainda mais violenta. Nos meus braços, ela sorri apesar de tudo.

Mas, na sala de sessões, dá-me as costas e ainda mais, pois oferece-me seu traseiro, apontando-o para mim como se ela tomasse, ali também, metonimicamente o lugar do objeto anal. É, aliás, o que ela especifica na montagem que se segue: apoderando-se de meu lenço, põe nele uma caixa de cubos, faz com que retire sua fralda com a qual ela recobre meu lenço que contém a caixa. Quando lhe digo que a fralda cobre o cacá, ela tenta subir na caixa de areia, quer dizer, tomar este mesmo lugar do objeto anal — lugar que ela tomara na sessão de 24 de dezembro, sucessivamente dado à boneca, depois a ela na fralda. Ela não consegue, olha-me, sorri confusamente, abre a porta e sai, verificando se eu a sigo.

Em 4 de janeiro, andando em torno da árvore de Natal, Robert tem uma crise de raiva ao ver-me conduzir Marisa.

Ela se entretém bastante, primeiro com uma casa, um tipo de arca de Noé cujo telhado faz barulho quando ela o abre, deixando-o cair. Tenta despir uma nova boneca, mas é impossível pois as roupas são costuradas sobre o corpo. Ela a sacode, esquarteja e, passando a mão sobre a calcinha, faz o barulho do pipi. Inspeciona então todas as fendas da fralda dessa boneca e, segurando-a por uma perna, bate violentamente com ela no chão. Ela está, de fato, muito furiosa com o que falta à boneca.

Vai a seguir para a areia, que joga em torno de si, depois em minha direção, a ponto de eu ter areia nos cabelos.

Deita com raiva a boneca no berço e quer colocá-lo no meu colo. Não conseguindo, ela o vira de cabeça para baixo e a boneca cai aos meus pés. Acalma-se bruscamente. Será uma criança que ela me dá, apaziguando sua raiva quando a perco? É provável, dada a satisfação que mostra ao tomar o lugar dela.

Faz com que retire sua fralda, põe o penico encostado em minha cadeira, senta-se sobre ele, muito sorridente e satisfeita, olhando-me, como se pagasse assim seu quinhão à demanda do Outro, embora nada faça no penico.

Em 5 de janeiro, uma enfermeira me conduz Marisa para evitar as raivas de Robert, mas ele percebe e grita.

Marisa, entretanto, está sorridente ao subir, embora sua respiração seja ruidosa, o que assinala a angústia por me haver tirado de Robert.

Amontoa tudo sobre mim como para compensar, mas vê o bonequinho de borracha no berço. Ela não sabe como nem por onde pegá-lo, pois, contrariamente à boneca, ela não se identifica com ele, mas faz dele meu objeto, como o é Robert. Ela renuncia a este bonequinho e derruba o berço, deslumbrada. Apanha o boneco e lança-se contra ele: deita-o na areia, derrama-a com sua mão sobre a fralda, pega novamente a areia e espalha-a sobre seu próprio avental. Termina por colocar o boneco em meu colo.

Eu interpreto: "areia, fralda, boneco = ela, cacá, eu".

Ela amontoa no meu colo alguns brinquedos que ainda restavam na sala, verifica não haver mais nada e puxa o penico para minha cadeira. Faz com que retire sua fralda e, quase triunfante, senta no penico como se fosse responder a uma demanda suposta. Mas, muito rapidamente, levanta, toma-me sua fralda para estendê-la na areia e aguarda. Quando lhe pergunto se quer que eu recoloque sua fralda, ela volta para o penico onde, por duas vezes, levanta-se e torna a sentar-se devido à ambivalência que a captura. Sua raiva cresce. Ela explode: vai para a areia a fim de jogar violentamente os cubos pela sala e areia em mim. Ela me cobre de "cacá" com a areia.

Apaziguada, volta para o penico, torna a levantar-se para pegar meu lenço que aperta entre suas mãos antes de enfiá-lo com força no bolso sobre meu peito, aquele do papel e do lápis. Digo-lhe que compreendo que ela quer que eu lhe devolva sua fralda. Ela sobe, então, na minha cadeira e, sorrindo e matraqueando muito, espera que eu o faça.

Ao descer, ela repete infatigavelmente "pou-la, ca-la-la", de um modo cada vez mais suplicante. Serei informada que "pou-la", no jargão do jardim de infância, quer dizer "não quer".

O que ela não quer? Haja o que houver, que se retire sua fralda molhada como pretende a enfermeira após a sessão: Marisa repete "pou-la" diante da fralda limpa recusando portanto, energicamente, que a privem do pipi-pênis da fralda molhada, tal como não quisera privar-me de meu lenço — pênis que recolocou no bolso do lápis.

No dia 8 de janeiro, ela faz um ato falho deixando escapar, por duas vezes, o penico onde queria sentar-se. Será por ter feito um pouco de diarréia no penico que ela amontoa objetos, cobertor e travesseiro, no meu colo, para esconder debaixo de sua fralda, como se me desse o véu do cacá, cacá que sou suposta demandar-lhe? De qualquer forma, durante esta sessão, ela retorna à masturbação, esfregando seu avental por três vezes seguidas.

Antes de descer de meu colo, pergunto se ela quer uma fralda. Ela aceita, mas não está contente e diz um "pou-la, ca-la-la".

Em 9 de janeiro, ao vir rapidamente para meu colo, manifesta seu medo ante a mamadeira que me entrega para dela se livrar. Vir para mim assim, sem hesitar e sem defesa, faz com que corra o risco de reencontrar o objeto, porém, vir somente com reticência, faria com que corresse o risco de perder-me ou de ter que pagar o preço para conservar-me, isto é, o dom anal. Ela recusa, seja nada fazendo no penico, sublinhando mesmo este nada nesta sessão ao retirar rapidamente do penico um brinquedo que ali havia caído e jogá-lo fora, ou quando põe um pedacinho de madeira no ânus. Um pouco mais tarde, diz sua recusa através de seu "pou-la" sempre combinando essa recusa anal com sua masturbação, esfregando seu avental.

Após a sessão, embaixo, ela levanta seu avental bem alto, até o umbigo. Mas o que ela me mostra? Não é esta cicatriz original, e não somente a ausência de pênis, ligando aqui o *a* da perda inicial com o $(-\varphi)$?

Ao longo desta sessão, aliás, o *a* excrementicial está nitidamente ligado aos representantes fálicos, quer seja o lápis, em 5 de janeiro, ou a mamadeira, no dia 9. Esta ligação é de tal forma que *a* e $(-\varphi)$ tornam-se ambos objetos metonímicos do desejo do Outro, com a equivalência do boneco e do dom anal, boneco de quem ela toma o lugar pela mediação da areia. Neste caso, ela pode ligar sua recusa com seu significante "pou-la". O representante fálico, pelo contrário, permanece mudo: diante da mamadeira, ela não diz nada e tem medo, livrando-se dela inclusive. Pois, se esta mamadeira guarda o traço do que foi como objeto perdido, o do desmame brutal que Marisa sofreu, esta separação renova a separação original cuja cicatriz umbilical testemunha.

A sessão de 11 de janeiro ilustra essa dualidade. Nela, Marisa experimenta o impossível da captura do objeto oral sobre o Outro, ao abrir minha veste e minha blusa, tornando a fechá-las violentamente, furiosa e com um estrabismo intenso. Chega mesmo a atirar brinquedos em mim, no penico e no chão. Eu interpreto dizendo-lhe não ter dado o que ela quer ou o que ela crê ter perdido. Então, ela pega meu lápis e, voltando-se para mim, levanta bem alto seu avental até o umbigo. Assentando o lápis e envolvendo-o com pedaços de açúcar, ela levanta de novo seu avental.

Ela pode retornar, neste momento, ao lápis, símbolo fálico, pois ela o associa ao açúcar, como se um certo grau de dissociação entre o objeto fálico e o objeto oral tornasse possível a expressão de sua demanda, num campo onde a substituição metafórica de um pelo outro é possível. Não é o caso da mamadeira, como vimos, que por ser indissociavelmente oral e fálica tem efeito de real, fora do significante.

Em 12 de janeiro, a enfermeira deve trocá-la quando chego. Marisa está eufórica por lhe retirarem sua fralda, mas recusa a fralda limpa que, no entanto, a enfermeira lhe coloca.

Ela se abandona em meus braços quando subimos e me diz alguma coisa, sempre remexendo meu lápis no meu bolso, mas diz tão baixo que não compreendo, embora seu jargão seja muito articulado e com novas sonoridades.

No início da sessão ela está toda ressentida. Digo-lhe que está zangada comigo por eu ter deixado a enfermeira recolocar sua fralda. Ela esfrega seu avental, quer pôr meu lápis no berço depois de tê-lo aproximado um instante da fralda do boneco, num gesto inacabado. Dá-me o boneco para que eu retire seu agasalho que ela pega e olha com emoção.

Segue-se uma cena de vinte minutos com gestos raros, muito intensa, onde exprimem-se seu desejo e seu medo de olhar sob a fralda do boneco. Nos intervalos de suas experiências tão inibidas, ela remexe o brinquedo caído no penico em 9 de janeiro, que havia rapidamente retirado e jogado fora, assim como um pedacinho de madeira que havia posto, por um instante, em seu ânus.

Ao final, ela recoloca o lápis no meu bolso e a boneca no meu colo, depõe aos meus pés o que está em meu avental, exceto os alfinetes de sua fralda e um longo pedaço de pau. Depois acocora-se diante de mim.

Quando pergunto se quer descer, ela pega sua fralda e aperta-a contra si como se fosse um tesouro. Olha-me sorrindo e vai até a porta.

No saguão, embaixo, arrasta atrás de si sua fralda e, antes de voltar ao jardim de infância, deixa-a cair entre mim e ela. Deve-se notar que, nesta sessão, ela nem mesmo olhou a mamadeira.

Desço da sessão com Robert, que vi pela primeira vez neste 15 de janeiro, na sala de sessões. Marisa ouviu-me. No jardim de infância, ela sobe e desce a escada móvel. Ela não me olha, mostrando-me apenas seu perfil, do lado onde seu olho desaparece devido ao estrabismo muito acentuado neste momento.

Quando venho buscá-la, ela está de pé sobre uma mesa e, assim que me vê, sorri e levanta seu avental, mas faz um movimento de recuo e precisará de cinco minutos para superar sua ambivalência. Toda a sessão será marcada por esta ambivalência, entre a necessidade que tem de mim para seu dizer e sua recusa agressiva, expressa principalmente pelo mau humor.

Ela faz com que se retire sua fralda, vai ao berço e agarra o boneco de quem tira o agasalho e coloca o vestido sobre a fralda. Recoloca-o no berço e tenta esticar-lhe as pernas para não ver a fralda. Ela não consegue. O de que se trata para ela com este boneco é de não ver sua fralda, ou seja, o véu do pênis. Sabemos o jogo que ela faz, a cada sessão, com esse véu: alternativamente, ela o reclama ou se mostra para mim como uma reprovação.

É, aliás, o que faz a seguir. Depois de ter posto o berço entre nós, ela fica dez minutos paralisada, seu olhar indo do berço para mim. Duas vezes levanta seu avental sobre sua barriga nua. Digo-lhe que me mostra alguma coisa que eu não lhe dou e que ela desejaria, e que não está contente por eu ter pego Robert, o menininho, antes dela. Imediatamente, ela levanta seu vestido e o abaixa depressa com um jeito acanhado. Digo-lhe que ela me demonstra ser uma menininha.

Neste momento, eu me assôo. Muito tensa, ela pega meu lenço, volta para o berço e, após uma hesitação, ela põe meu lenço na boca do boneco. Levanta uma vez seu vestido e vai estender meu lenço na parede, tocando especialmente as manchas sobre o lenço.

Como lhe digo que ela quer servir-se de meu lenço como de uma fralda para o boneco, ela levanta seu vestido e, por um instante, põe o lenço sobre sua barriga, o que confirma o valor fálico de sua fralda e de meu lenço, sob condição, entretanto, que não estejam limpos: fralda molhada e manchas no lenço.

Ao partir, ela põe o lenço sobre a mesa e pega um biscoito em cada mão.

Em 16 de janeiro, Marisa recusa dirigir-se à sala de sessões onde Robert esteve na véspera. Fica no patamar da escada e só entra para pegar um objeto e sair de novo rapidamente. Ela só poderá pedir novamente sua sessão nesta sala no dia 12 de fevereiro.

E em 17 de janeiro, à noite, Marisa assiste a uma tentativa de mutilação de Robert, sentada no chão, chupando seu polegar, sem manifestar emoção ou medo como o fazem as outras meninas, no dizer das enfermeiras.

Em 18 de janeiro, ao ver-me, sorri, levanta seu avental e corre para meu colo. Eu a pego, mas não é o que ela quer. Sou informada que, após ter tido diarréia no jardim de infância — o que não ocorria há muito tempo — ela quis que a atendente a segurasse, passando seus braços por debaixo dos de Marisa, seu corpo pendendo, encostado no da atendente, como um pênis; pode-se dizer que ela se torna metonimicamente para o Outro, isto relacionado à cena de mutilação de Robert: se aquele que tem o objeto pênis pode dele separar-se, nada impede que ela se proponha para tomar-lhe o lugar. Para quem? Para uma mulher, a atendente, mas não para o Outro na sessão logo após, pois lá, ela não é o objeto, mas quer tê-lo e o reclama de mim, inicialmente levantando seu avental, depois pondo sua mão sobre minha coxa, na expectando, com um estrabismo intenso.

Em 19 de janeiro ocorre a sessão principal, onde Marisa vai pôr em cena, no sentido próprio do termo, a sexuação e a castração. A sessão ocorre no jardim de infância. Marisa não quer subir para a sala onde Robert teve sua sessão. Ela começa estendendo-me uma garrafinha de madeira, confusa mas sorridente. Seria esta uma representação, *mínima,* da mamadeira, sem constituir um real perigoso? Sento-me no chão ao seu lado e ela me estende a mão para que eu lhe dê a garrafa. Embora seu olhar esteja no meu, seu estrabismo atenua-se pouco a pouco.

Uma criança coloca um chapéu em minha cabeça. Marisa estende a mão para pegá-lo. Ela o apalpa, radiante, coloca-o em sua cabeça e mo devolve. Repete esse jogo muitas vezes.

Eu me assôo. Ela fica imóvel e seu estrabismo é intenso quando reponho o lenço em meu bolso. Levanta seu vestido sobre seu avental, olha-me, espera e recomeça esticando a mão com ar suplicante, exatamente como se meu lenço, tal como sua fralda para ela, representasse, ainda, o objeto que espera de mim. Pergunto-lhe se é o lenço que quer e estendo-o para ela. Seu rosto se alegra e quase não está estrábica. Aperta-o no coração, depois o desdobra, devolve-me e, retomando-o, levanta seu vestido. Alisando meu lenço, olha-me intensamente. Outras crianças estão à nossa volta, mas é como se houvesse apenas ela, eu, o lenço e sua fralda. Faz com que retire os alfinetes, que me faz colocar dentro de uma carrocinha deixada por outra criança em meu colo. Ela aí acrescenta sua garrafa de madeira. Emocionada, entrega-me tudo, retoma, tira e coloca a garrafa, antes de me devolver como um presente vital, olhando-me intensamente, sem estrabismo.

Tenta puxar sua fralda para retirá-la e levanta-se para que eu possa fazê-lo. Torna a pedir meu lenço para aproximá-lo de sua barriga, sem nada dizer. Contento-me em enunciar o que ela faz. Ela percebe um peniquinho de boneca, desce para pegá-lo, dá para mim, quer pegá-lo de novo e junta-o à carrocinha onde já colocou os alfinetes e a garrafinha de madeira, com uma fisionomia alegre.

Inicia então a cena capital de um jogo onde vai conseguir castrar Robert, se não negativar o pênis.

Uma criança lhe entrega uma vassourinha, ela a aperta nos braços e vai para o outro canto da sala. Olha-me sorrindo, vira para mim um sofazinho e por seu olhar faz-me compreender que devo sentar-me nele. Verifica se, de fato, levei a carrocinha. Então, intensamente emocionada, pousa sua mão em meu joelho, seu olhar no meu. Põe a vassoura na mesa e junta em volta dela meu lenço e a carrocinha, envolvendo tudo com seus braços. Dá-me a seguir a vassoura, levanta seu vestido diante de mim e retoma a vassoura, simbolizando assim o falo que lhe devo.

Podemos aqui falar de falo e não do órgão pênis, pois não apenas a vassoura é um representante, mas ela faz presença simbólica sobre a ausência que Marisa me mostra em seu corpo, ausência real, certamente, mas ligada ao símbolo da presença da vassoura. A metáfora que já aconteceu em 11 de janeiro, entre o lápis e o açúcar, vai retornar entre a vassoura e o açúcar. Trata-se aqui de uma substituição significante, portanto metafórica, antes que o sujeito articule o significante. É por isso que esse estágio, que se nomeia classicamente de pré-verbal, não é, evidentemente, um estágio pré-significante, sendo mesmo, como diz Lacan, "hiperverbal".

Robert irrompe, sobe na mesa e tenta agarrar a vassoura. Marisa é tomada de pânico. A atendente agarra Robert, Marisa não está contente, dá um pontapé na mesa, larga tudo e parte em busca de algo. Retorna com a xícara e o pires da merenda, onde não há nada, o que é diferente do vazio, como se sabe. Ela os estende para mim, mas não os solta. Depois de um momento de hesitação, repõe a taça no pires e estende-a para mim. Não é para que eu a pegue, mas para aí colocar alguma coisa. Eu coloco um pedaço de açúcar que tenho comigo. Ela me olha, encantada. Pega o açúcar, olha-o, assim como a vassourinha sobre a mesa, e levanta seu vestido. Coloca a taça sobre a mesa com o açúcar e vai pôr a vassoura no chão, a um metro de distância dela. Olha a vassoura ali estirada, com tristeza, enquanto levanta seu vestido, lamentando por aquilo que caiu.

Acalmado seu pânico Marisa vai buscar uma taça e um pires que me estende sem largá-los, com ar suplicante — o que me demanda ela senão sempre um falo? Um açúcar que coloco na taça parece dar conta, quer dizer, um objeto oral comum mas que pode simbolizar o falo, contrariamente à mamadeira, excessivamente presa no campo do real do *a*.

Marisa levanta seu avental e volta-se lentamente para mim, emocionada e hesitante. O que acaba de fazer com a vassoura fálica, ela refaz com o penico, mas não passa de um penico de boneca. A vassoura não era para ela, o peniquinho tampouco, e ela o entrega para mim.

Voltando à garrafinha de madeira do início da sessão, ela a esconde, colocando de cabeça para baixo a carrocinha na qual ela está, não se ocupando mais depois.

Segurando meu avental, ela vai abrir a porta do jardim de infância, sai no saguão e quer que eu a siga. Ela faz vários vaivéns levantando seu avental sobre sua barriga nua, diante de mim. É a inclusão de toda a cena precedente e de sua dialética: ela me diz, de algum modo, que se sente castrada, quer dizer, privada de falo.

Ocupa-se, então, com Robert: ela sabe que ele não agüenta as portas abertas que, para ele, fazem furo real, e ela vai, no entanto, abrir completamente a do jardim de infância. Isso faz Robert urrar, e Marisa vai contemplá-lo urrando — como se a cena de mutilação que viu tivesse terminado realmente com a perda de seu pênis — depois, ela volta para mim com ar triunfante, levantando seu avental. E assim, muitas vezes.

Num momento, ela me estende a mão, estendo a minha e ela faz de conta de nela colocar alguma coisa, solta minha mão mostrando-me não ter posto nada dentro, com uma fisionomia esperta, matraqueando cada vez mais, até o fim da sessão. Imediatamente, ela volta a fazer Robert urrar, exigindo que a porta fique totalmente aberta. Ele fica num tal estado que a atendente deve levá-lo, mas quando Robert não está mais ali, Marisa decepciona-se e pega como alvo um outro menininho. Sempre me olhando, ela o empurra e o faz cair, puxa-lhe os cabelos, depois volta-se para mim e se faz adular um segundo. É a vingança sádica de Marisa contra o castrador.

Mencionei a tonalidade surpreendente de toda essa sessão, onde Marisa avança na dimensão de um sentido que se desenvolvia de modo quase adivinhatório, numa perspectiva de submissão ao significante, em sua função de cadeia estruturante. Esta função é essencialmente metafórica, e neste sentido Marisa não se encontra submetida a um "*automaton*", mas, sim, de modo evidente, a elementos "tíquicos", com os quais ela se mostra surpreendentemente acolhedora.

Que papel, então, poderia Robert representar na metáfora que capturava Marisa? Robert era, seja como for para ele, portador do pênis e rival de Marisa diante de mim. Ele poderia tomar, fora da realidade mas dentro da estrutura, o lugar do Pai, enquanto rival, um lugar que Freud religa à fase pré-edipiana, e mesmo a uma fase do Édipo negativo antes do Édipo positivo. No caso de Marisa, que está bem plantada no simbólico, já se pode igualmente falar da função do Nome-do-Pai e da metáfora paterna nela implicada: por um simples efeito de localização do gozo fálico sobre o desejo do Outro materno, surge para Marisa um efeito de significado em *x* sob este desejo do Outro, não no lugar de um objeto real que habita Robert, mas de um significante que a habita, ela e seu Outro, até o último termo de A/falo.

Mas isto não passa de uma antecipação, veremos.

CAPÍTULO VI

Robert, o rival perigoso. Perigo de morte. A metáfora paterna

Esta seqüência de sessões impôs-nos falar de ciúme e de identificação, a despeito da realidade de Robert, cuja presença tinha tudo de um furacão, colocando Marisa no maior perigo — perigo de perder seu Outro, seu objeto, até mesmo a vida. É que, para além deste real terrível de Robert, vimos em 19 de fevereiro que Marisa tinha operado uma abordagem guiada do fálico, em nome do que havia imposto com aprumo a Robert, enquanto portador de pênis.

Lá ela se situava na dialética do ser e do ter, constitutiva do ciúme — ciúme consideravelmente reforçado pelo *Penisneid*, diz Freud: não ter, mas ser, não ser sem o ter. Marisa não se situa frente à imagem do pequeno outro que o tem, o que a fascinaria, mas sim para além desta imagem propriamente dita, em lugar do Outro, onde ela endereça sua demanda de que eu seja toda para ela.

Nestas condições, ela continua a recusar suas sessões na sala onde Robert tem as dele.

Em 22 de janeiro, ao ver-me, ela vem me dar um pedaço de papel e agarra-se a mim dizendo "cacá-cacá". Parto, então, com ela matraqueando em meus braços, mas Robert irrompe gritando "mamãe-mamãe". Marisa me repele com braços e pernas e quer ser posta no chão. Olha para Robert e para mim e, do canto da sala, estende-me um prato, que vou pegar. Esconde-se atrás de uma reentrância da parede para ver se estou sempre ali e se Robert não está agarrado em mim. Interpreto, dizendo-lhe que estou ali para ela, e para ela só. Mas Robert insiste, e tenho de dizer-lhe que o verei mais tarde e volto-me para Marisa.

Ela sobe no alto da escada móvel do jardim de infância, onde se balança com muita força. Compartilhei por longo tempo sua dificuldade de aceitar que eu veja Robert quando ela me queria toda para si. Ela pára seu balanceio, mas vai juntar-se às outras crianças, o rosto hostil. Digo-lhe que não quer sua sessão para punir-me.

Mais tarde, quando levo de volta Robert, ela me sorri e vem dar-me um prato. Sento-me na escada móvel. Ela enrola uma bola de papel e por três vezes tenta fazer com que eu a receba. Quando consegue, matraqueia e sorri.

Sobe a escada móvel, estende-me a mão, faço o mesmo e ela pousa sua mão na minha, palma contra palma. Ela a deixa ali por um momento olhando-me com ternura.

Desce para unhar e derrubar uma criança que queria subir em mim. Cada vez que constata que, apesar das reclamações veementes de Robert, eu estou sempre ali para ela, ela se deixa levar expressando sua afeição.

Acocora-se junto a mim com um livro de figuras, matraqueando muito; mostra-me a figura de um menininho e uma menininha num jardim, o que diz muito sobre sua integração simbólica.

Robert aproxima-se dela para olhar. Marisa continua sorrindo, sem ansiedade, seus olhos indo de Robert para mim e para a figura. Mas Robert empurra Marisa que me olha, então, com ar patético. Estende-me os braços: eu a sento em meu colo. Ela me olha, não ficando quase nada estrábica, retoma o livro matraqueando como se explicasse as figuras.

Vai até a porta, olha-me e quer que eu a pegue no colo, sempre dizendo "a porta". Encosta seu rosto no meu e matraqueia alguma coisa em meu ouvido. Mas, novamente Robert se agarra em minhas pernas; ela o olha do meu colo durante algum tempo, depois desce e vai para uma outra porta dizendo "a porta" e quer sair, sempre matraqueando alegremente.

Esta porta vai se tornar um centro de interesse para ela, no decorrer das sessões seguintes.

Em 23 de janeiro, ele me recusa completamente, seu olhar indo sem cessar de mim para Robert. Serei informada que, nesta noite, ela esteve muito agitada: se levanta para arrancar dos outros lençóis e cobertas, furar um travesseiro e espalhar as plumas por todo o quarto, reação sádico-destrutiva relacionada a sofrimento devido a Robert.

Em 25 de janeiro me dá um prato, depois um lindo papel dizendo "cacá". Ela diz "porta", e vai abri-la. Quer sair comigo através de uma outra porta, condenada. Eu digo-lhe isto e ela não fica contente. Volta ao jardim de infância para buscar um outro papel que me estende no saguão. Interpreto o que ela me dá devido à minha recusa.

Com uma expressão aborrecida ela vai fazer uma cena para me enraivecer. Deixa totalmente aberta a porta do jardim de infância, entra e sai carregando brinquedos que coloca longe de mim e não sobre mim. Mas uma outra criança a faz cair e ela começa a chorar. Recusando meu consolo, ela volta ao jardim de infância e fecha a porta entre nós.

Em 29 de janeiro, devido ao seu estado atual, pedi que levassem Robert para que eu pudesse ir ao jardim de infância estar com ela. Mas, quando chego, ouço uma criança gritando e batendo violentamente na porta, chorando, e a atendente tentando ponderar. Entreabro a porta e vejo Marisa neste estado, pois Robert, tendo partido, ela pensa que ele está comigo. Tão logo me vê, dá-me um sorriso radiante, agarra-se a meu avental e apodera-se do coelho que tenho na mão com intensa felicidade. Ela não o deixará um segundo durante toda a sessão, defendendo-o avidamente quando outra criança deseja pegá-lo. Suponho que ela deve tê-lo guardado para dormir.

Vai sentar-se sobre a escada móvel do jardim de infância e me chama para junto de si. Inspeciona o coelho bem de perto, depois vai até a porta e me diz "porta". Retorna para ficar no meu colo com o coelho. Ali ela diz "cacá" com uma expressão feliz.

Robert irrompe e quer se agarrar em mim. Marisa fica intensamente estrábica, embora permaneça em meu colo. A atendente leva Robert e Marisa quer descer do colo para ir até a porta da sacada do jardim, onde estende seu coelho para fora, olhando-me. Digo-lhe que quer sair com seu coelho para ficar sozinha com algo meu, sem as outras crianças, sobretudo Robert. Ela tenta abrir a porta, demandando minha ajuda, mas esta porta permanece fechada. Derruba um menininho, o arranha, puxa-lhe os cabelos, olhando-me. Mostra que está com raiva dos outros por estar com raiva de mim. Vai até uma porta e me chama para abri-la, sai e alcança a porta exterior. Ela quer que eu a abra, mas está com ferrolho. Eu o digo mas, novamente, ela agride o menino, derruba-o e puxa-lhe os cabelos, sempre me olhando para deixar bem claro que é por minha causa. Vai até uma porta que encontra aberta e estica sua mão para que eu a ajude a descer três degraus. Sigo-a, assim como uma outra menininha. Ela entra na cozinha e passa para o refeitório onde fecha a porta atrás de nós três.

Sua recusa em subir para a sala de sessões é substituída por esse jogo complicado de portas que serve para lhe dar, mais ou menos, um espaço dela comigo.

Coloca o coelho na mesa junto a mim e busca uma poltroninha onde se senta, muito feliz, segurando seu coelho no colo. Olha-me gravemente, depois faz o gesto de dar comidinha ao seu coelho. Digo-lhe isso e, confusa, ela me estende a mão e aguarda. Encontro um pedaço de açúcar e lhe dou. Começa a comer o açúcar e vai atrás de mim para pôr no chão seu coelho e terminar o açúcar.

Em seguida, quer ver as figuras pintadas nas paredes e me estende os braços. Acaricia a de um animal, sempre olhando-me. Não se interessa mais pelas figuras, embora esteja totalmente açambarcada pela emoção de estar no colo e de me olhar. Ela quer apenas isso e eu passeio com ela assim até a chegada de outras crianças para o jantar. Coloco-a no chão, digo-lhe adeus, e que voltarei no dia seguinte, mas que, através do coelho, ela guarda algo de mim. Ela me olha partir e, antes mesmo de eu ter deixado a sala, ela se põe em defesa de seu coelho.

Soube que, na véspera, no jardim de infância, Robert e Marisa brincaram juntos, apenas os dois, pela primeira vez, durante alguns minutos.

A 30 de janeiro reedita-se a sessão do dia 29. Ela vem pegar o coelho comigo, abraça-o e vai até a porta do jardim, que está fechada. Ela joga o coelho no chão e agride um menino, sempre o mesmo, olhando-me. Depois, conduz-me à cozinha e ao refeitório, onde Robert irrompe gritando "mamãe, lá em cima". Marisa está muito tensa.

No dia 31 de janeiro soube que na noite anterior as enfermeiras, alertadas pelos gritos das crianças, encontraram Robert montado nas costas de Marisa, apertando seu pescoço com tanta força que o rosto dela estava roxo.

As sessões de Marisa continuam acontecendo na coletividade, mais freqüentemente no refeitório onde me conduz, pois está obcecada pela presença de Robert que, embora a ponha em perigo, por sua violência, parece-lhe necessária para afirmar a demanda que ela me endereça. De fato, não é tanto ter-me só para si o de que se trata, mas antes, sustentar sua questão do que sou suposta ter dado a Robert e não a ela. Mais ainda do que "tê-lo", trata-se para ela da presença de Robert entre nós duas, como um terceiro termo.

Sua ambivalência para comigo é igualmente crescente. Ela o expressa pela comida: ela não sabe mais se quer ou não comer o que vai buscar no refeitório; ela quer comer sozinha, mas não consegue, chegando mesmo, uma vez, a vomitar.

Esta ambivalência exprime-se do mesmo modo, diretamente para comigo, quando não sabe mais se quer ou não ver-me, recusando-se a vir ou dando-me as costas na sessão durante vinte minutos, às vezes.

Ela bate nas outras crianças e posso interpretar sua "*hainamoration*"* — ela tem vontade de me bater por amar-me, interpretação que a encanta.

De 31 de janeiro a 6 de fevereiro, Marisa tem uma série de seis sessões que nada variam em seu conteúdo, sendo dominadas por sua ambivalência para comigo, já interpretada por mim como inteiramente centrada na obsessão ciumenta que tem de Robert. Recusa-se ainda a subir à sala de sessões e mostra uma predileção pelo refeitório — sem crianças no momento das sessões — pedindo geralmente um prato de sopa como se quisesse que eu a alimentasse, encontrando, assim, uma compensação no alimento. Mas, após uma ou duas colheradas, no máximo, ela recusa, não come mais e faz, agressivamente, pequenas poças de sopa sobre a mesa, em volta do prato, com a colher ou com a mão. Ficou mesmo tentada em várias ocasiões a virar este prato de sopa em cima de mim.

Às vezes, para além de sua recusa, transparece a necessidade que tem de mim, concretamente, ao esboçar, por exemplo, uma carícia em meu joelho ou quando aparece assim que ouve minha voz.

Freqüentemente, no decorrer dessas sessões, Robert irrompe. Sem dúvida, ele não precisa de que lhe façamos um sinal, mas Marisa sim e ela o espera. É claro que, quando ele está ali, ela deve se defender dele. Quanto a mim, se não respondo de forma evidente às demandas e injunções de Robert, eu não a defendo, contentando-me com um compromisso, agindo de modo que ele não tome todo o lugar.

Nestas condições, a violência de Marisa se exprime, por um lado, para com o pequeno outro, sempre sob a forma de um menino que ela derruba no chão e bate, olhando-me, como se fosse em mim que ela batesse. Mas, sem dúvida, sua violência é dirigida também a Robert, apesar de inibida pela força e violência dele.

---

* Neologismo de Lacan *hainamoration* → *haine* (ódio) – *amours* (amor) – *action* (ação) de onde, por homofonia com *énamourer* (enamorar-se), resultará *hainamoration*. (N.T.)

Que a agressividade de Marisa me seja destinada, a sessão de 3 de fevereiro o testemunha, tendo ocorrido no refeitório sem a intervenção de Robert. Ela vem para cima de mim, depois sobe na mesa diante da janela e fica ali por vinte minutos, de pé, de costas para mim, sem se mexer, exceto por alguns olhares. Desce, e vai bater no menino, olhando-me como sempre, depois dirige-se à uma enfermeira que entra e lhe dá um lindo sorriso, olhando-me. Estica-se para ver o que posso estar fazendo atrás dela, o que gostaria de ver e não ver. Estou com o coelho no colo e, de tempos em tempos, falo com Marisa. Passados esses vinte minutos, digo-lhe "até amanhã". Então, ela vira-se depressa e desce da mesa quando parto. Olha o corredor e me vê ali, estende-me a mão e, novamente, me dá as costas. Falo então de sua vontade de me bater por causa de Robert, e do fato dela bater nas outras crianças em meu lugar. Ela coloca um fósforo em minha mão, depois fica parada por longo tempo diante da torneira de gás do fogão, que vaza. Ela vai e vem e sofre muito para me deixar.

Uma ambivalência tão violenta e expressa com tanta força por uma criança de sua idade pareceu-me extraordinária.

No final deste período, ela está esgotada, permanece em seu quarto por estar com diarréia e, muito cansada, dorme bastante, inclusive no chão, debaixo das camas. Ao ouvir-me, ela desce as escadas, mas só pode fazer vaivém entre mim e o corredor. Não insisto.

O drama que ela vive com Robert é também o da "*hainamoration*", tal como comigo. Entretanto, ela não se esquece do objeto representante de sua inveja — ela contempla a torneira do fogão da cozinha ou levanta seu avental para mostrar-me sua barriga nua. O ciúme e a identificação que ligam Marisa a Robert atingem seu paroxismo e a fazem sofrer tanto que não consegue cessar a parte de gozo aí incluída. Pequeno outro, grande Outro e objeto *a* formam o tripé do que Lacan chamou "jalouissance"*.

A 7 de fevereiro, acontece uma sessão muito longa e elaborada. Inicialmente, ela faz vaivéns de quarto em quarto. Segue uma enfermeira, olhando-me para tornar-me ciumenta, como ela.

Sento-me num degrau e lhe falo, digo-lhe que se ela vai tão longe, não posso ajudá-la; que se não pode dizer-me que está com raiva de mim, isso

* "La jalouissance", neologismo formado por "la jouissance", o gozo, e "jalousie", ciúme, compondo um "ciumegozoso". (N.T.)

lhe fará mal, que gostaria de ajudá-la, mas ela recusa. Então, eu não posso fazer nada. Digo-lhe saber que está com raiva de mim, por causa de Robert, que a machucou muito e que, por ocupar-me com Robert, ela pensa ter sido eu quem a machucou.

Ela vem colocar um avental em meu colo, digo-lhe "adeus". Começo a descer, ela me estende a mão, para ir junto, depois repele a minha. Desço, ela me segue, mas escorrega, cai e machuca muito sua cabeça. Seria um ato falho relativo à sua ambivalência e sua hostilidade para comigo, sobre a qual acabei de lhe falar? Então, soluçando, estende-me os braços. Eu lhe falo, acariciando-lhe a cabeça e, se eu paro, ela protesta.

Ela nota a bola de vidro do corrimão da escada e, no meu colo, quer acariciá-la sorrindo, está muito emocionada, olha-me de vez em quando matraqueando. Acaricia a bola, tal como acaricio sua cabeça.

Dirige-se à sala de fiscalização bem próximo. Toca em tudo sobre a mesa: lápis, estojo e papel, que pega e põe no meu bolso dizendo "toma". Junta o lápis com o estojo, aperta-os com suas duas mãos, põe um depois do outro no bolso de minha blusa, dando-me, assim, as insígnias fálicas. Portanto, para ela, eu não as tenho ou não as tenho mais; essa falta é fonte de sua hostilidade. Esta, ligada aos objetos que não me pertencem, e ela o sabe, contrariamente aos objetos da sala de sessões, onde se desdobrava a transferência a um Outro materno fálico, fora de localização em todas essas sessões ambulatoriais.

Apoderando-se de um potinho que serve de cinzeiro, amassa um papel dentro dele, tampa o pote com um cartão-postal, aperta-o contra ela, depois me dá o cartão, e sobretudo o papel — como me daria um conteúdo do corpo.

Pega em seguida, na cesta de papel, um maço de cigarros vazio e põe dentro dele a maior guimba que encontra num cinzeiro, antes de voltar a fechá-lo e sacudi-lo escutando o barulho produzido pela guimba, um achado muito engraçado para se atribuir ao objeto fálico.

Derruba no chão todas as guimbas de cigarro, quer que eu as coloque no potinho e verifica se a guimba maior ainda está no seu maço, sacudindo-o e escutando: todas as guimbas para mim, para compensar, mas uma só para ela.

Robert faz uma breve irrupção. Marisa não parece amedrontada, olha para ele com um olhar até mesmo provocante, antes de eu reconduzi-lo ao jardim de infância, enquanto ele grita sem parar "cacá".

Marisa, então, mostra-me a janela dizendo "janela", aproximando desta o potinho, insistentemente. Eu a abro, ela ri; a janela não é uma porta que fechamos, nós a abrimos para fora, ali onde ela queria colocar o potinho, mas ela reconsidera e me diz "fechar". Ela atrela fora e dentro a propósito desse continente.

Vai até o telefone para desconectá-lo, põe o fone em sua orelha, depois na minha, e o recoloca discando, fazendo com o telefone, tal como fazem as crianças em geral, um apelo a uma palavra ou a uma voz que vem de um outro lugar.

Neste momento, olha os cartões-postais presos na parede. Diante de um deles que representa o *Manneken-Pis*, ela grita "papa, pipi", designando assim o outro lugar em questão, através de significantes, sem ambigüidade quanto ao portador de pênis.

Ela me pede, enfim, um clipe com fichas pendurado na parede. Ela arranca as fichas, pedindo-me várias vezes para recolocá-las no clipe para que possa arrancá-las. Ela goza com isso, visivelmente.

Alguém vem buscá-la para se deitar, ela diz "não", mas, finalmente, depois de uma sessão de uma hora e meia, ela me estende a mão dizendo "adeus, até amanhã".

Durante essa sessão, Marisa reencontrou seu aprumo, sua virtuosidade simbólica no manejo dos objetos e concluiu! Concluiu na passagem ao pai, após a cena onde colocou a falta fálica do Outro. O "pênis perdido da mãe", diz Freud, "é o princípio da diferenciação dos sexos".

Não deveríamos interpretar retroativamente o que se passou com Marisa? 1) Na noite de 17 de janeiro, quando assistiu a tentativa de mutilação de Robert, contrariamente às outras meninas transtornadas por esse espetáculo na realidade, Marisa recebeu-o no segundo grau, o da privação do pênis na transferência com o Outro materno e em sua identificação com Robert. De fato, se Robert, portador do pênis, suposto por isso objeto de meu desejo, privava-se desse pênis, só restava a Marisa renunciar a ele para conformar-se à intimação de meu desejo. 2) É o que ela faz no momento da grande sessão de 19 de janeiro, quando se encarrega, ela mesma, desta mutilação mas, simbolicamente, já que faz disso castração — primeiro para ela mesma, ao separar-se com tristeza da vassoura, e para Robert também, por identificação.

Sabemos que ela viveu esta cena de modo tão intenso que o real não estava ausente dela (em sua privação de pênis), e que o efeito simbólico nasceu desse real por transferência — uma transferência que, embora no decorrer de uma análise, construída segundo o modelo descrito por Lacan em "A significação do falo"[1], já citado, e que concerne os dois tempos da privação do falo na menina: o primeiro, pela mãe (19 de Janeiro); o segundo pelo pai (nesta sessão), "de um tal modo que devemos reconhecer nisso uma transferência no sentido analítico do termo".

Assim, a castração não concerne apenas a ela, mas também a Robert e ao Outro que sou eu, pois quer paramentar-me afetando-me com emblemas fálicos. Então conclui, em 7 de fevereiro, através de seu "papai, pipi", colocando assim o agente da castração na forma do Pai: se somos três, Robert, Marisa e eu, implicados nesta castração, existe "ao menos um" que não está, de acordo com seu dizer, um para o qual "não $\Phi\, x$": $\exists x.\ \overline{\Phi x}$.

No tratamento de Marisa, entre 19 de janeiro e 7 de fevereiro, a identificação é acompanhada do ciúme, mas o imaginário do ciúme constitui o eu (*moi*) ao mesmo tempo que o outro, numa relação em espelho. Ora, pelo fato do Outro que sou para ela estar em posição de terceiro, a identificação tem uma dimensão simbólica. Marisa é capaz disso por causa do significante no qual ela se inscreve e inscreve seu *Penisneid* no nível fálico, diferentemente de Robert que aí está reduzido à imagem do outro como duplo; isto não é para ele identificação, mas sim destruição do real do outro. É isso que o liga à Marisa, como testemunha o perigo que ele a faz correr.

NOTA

1. Jacques Lacan, "La signification du phallus", in *Écrits*, op.cit., p.688-93.

CAPÍTULO VII

Dos objetos pulsionais ao primado do falo. O espelho

A relação de Marisa com Robert, ainda que comportando uma parte de identificação, não é menos marcada pelo medo que ele lhe inspira e, por outro lado, por uma recusa ciumenta relativa ao pênis que ele é suposto ter obtido de mim e que permanece ligado ao espaço transferencial específico da sala de sessões, justamente ali, onde ela nada obteve. Não é surpreendente que ela se recuse a vir para esta sala, inscrevendo sua diferença de Robert numa diferença de lugar do encontro com o Outro que sou. Assim, ela impõe o encontro num lugar outro, onde, talvez...

Exprime esta fantasia em 9 de fevereiro no nível mesmo do objeto pulsional oral que ela vai claramente ligar ao seu *Penisneid*.

Depois de haver expresso, de modo nítido, a inanidade do objeto oral quanto ao fracasso de sua demanda ao Outro, através de uma xícara vazia que coloca em meu colo, da mamadeira que derruba, do açúcar e chocolate encerrados numa caixa, ela me pede, do mesmo modo, mingau de tapioca, que só toma durante mais ou menos meia hora em pequenas quantidades, para ir comê-lo em outro lugar, redobramento do espaço fora da sala de sessões, fora dali onde estou. No final, leva o prato vazio e lambe-o enquanto faz pipi, manifestação fálica que conclui a satisfação oral que ela se permitiu.

É no mesmo sentido, porém mais elaborado, que desenvolve um conflito na sessão de 10 de fevereiro. Leva para um quarto vizinho o prato de sua sobremesa do jantar que contém ovos nevados. Fecha a porta dizendo "fechada", segundo seu desejo, como se viu, de assegurar-se para estar bem sozinha comigo, sem a intrusão de outros e, pode-se supor, sobretudo a de Robert. É para isso, no caso de Marisa, que serve a porta: protegê-la de outras crianças e não, como para Robert, tamponar o buraco.

Ela afirma, inicialmente, o desejo de alimentar do Outro. Dá-me a mamadeira e, como estou com a boneca no colo, fixa sucessivamente a boneca, a mamadeira e a mim, dizendo: "bebe". Aproximo a mamadeira da boneca ninando-a, o que ela olha por longo tempo, imóvel, sorrindo no final.

Mas, quando se trata dela e do prato de sobremesa que levou, sua satisfação encontra tantas inibições que não chega a pedir-me que lhe dê comida, assim como, colher na mão, não consegue comer por si mesma diante de meu olhar. Tudo se passa como se não pudesse pegar ou receber do Outro esse objeto oral — prato de ovos nevados que levou do refeitório — que, sob meu olhar, torna-se impossível.

Articula então este impossível com seu *Penisneid*, que expressa retirando a fralda, mas desta vez não quer ficar com a barriga nua para mostrar-me a ausência como precedentemente. Quer que eu lhe coloque um avental para velar a ausência. Um véu que poderia presentificar o objeto, mas de que forma? Ela o diz ao retirar, com um pires, um pouco da sobremesa, colocando-o em baixo de minha cadeira, quer dizer, numa localização que nada tem de oral, mas de anal. Está bem aqui a assinatura de que, contra qualquer aparência, o prato e a colher não são do registro oral, mas do anal, tendo a ver com a demanda do Outro, e mesmo com o dejeto.

Tenta então dissociar este objeto ambíguo, ao mesmo tempo oral e anal, o leite, de seu continente fálico, a mamadeira. Manipulando esta mamadeira pelo bico, faz-me esvaziar o leite num potinho, gozando das sacudidelas que devo imprimir na mamadeira,munida de bico, para que o leite escorra. Ela escande a cena com os significantes "ça-ça-ça" e "lo-lo", atrelando assim de modo evidente o anal e o oral, no equívoco "çaça" (cacá) e "lolô".

Este equívoco entre "cacá" e "lolô" prossegue quando retira o bico, para colocar um alfinete de sua fralda na mamadeira vazia. É então que essa mamadeira, ligada ao anal pelo alfinete de sua fralda, não podendo permanecer em cena mais do que a mamadeira oral cheia de leite, ela a pega para colocá-la no chão, segurando-a pelo bico: tal como um objeto caído.

Nem por isso desiste, passando aos biscoitos, que come, depois de tê-los molhado no leite e de ter-me levado a fazê-lo, não sem sentir-se em dívida: vai pegar uma bala debaixo da cama para colocá-la em meu bolso, o do lápis e do papel.

Após ter comido todos os biscoitos e que lhe digo não ter mais, ela faz claramente a ligação com o que subtendia esta sua súbita esfomeação: ela faz pipi de pé dizendo "pipi", afirmando sua demanda fálica, para além do oral e do anal precedentes, reduzidos ao equívoco significante.

Ela quer que eu a coloque numa cama, pede-me a boneca e o prato, me dá o prato e a colher abrindo a boca e querendo que lhe dê de comer todo o resto. Ultrapassagem do pulsional para o Um do primado fálico.

Conduz-me ao banheiro com a boneca, dizendo "ça, ça", mostrando a banheira. Passo-lhe uma ponta de fralda limpa e molhada sobre o rosto, perguntando se é isso o que ela quer. Ela responde "sim" a este apagamento do "ça, ça".

No corredor, pede-me "fralda", estende-a no chão e coloca a boneca, faz de conta que a envolve com a fralda, depois pede-me para fazê-lo. Ela está encantada, mas, desta vez, não por ter feito da boneca um objeto anal, e sim por reencontrar o lugar desta função anal em sua relação ao Outro.

Diz duas vezes "não" no que concerne ao final da sessão, pois quer que eu a ponha na cama onde se rodeia de objetos, exceto a mamadeira, sempre problemática.

Encaixou-se confortavelmente na cama, completamente satisfeita. Dou-lhe um beijo e digo "até amanhã".

Esta sessão ilustra como é impossível para o sujeito delimitar o objeto enquanto tal. Evidencia-se aqui, de fato, que a parte irrepresentável do objeto pulsional, quer dizer o *a* no campo do real, longe de corresponder a uma lógica termo a termo, que fixaria o oral como aquilo que se ingere, o anal como o que se evacua, responde a uma lógica combinatória de diferentes objetos pulsionais, onde o acoplamento de um objeto com outro pode mudar sua função. É o que Lacan formalizou[1] por uma curva, em cujo ápice encontra-se o fálico. Lê-se aí a passagem do objeto da demanda oral ou anal para o lugar vazio do significante fálico, com um resto em retorno sobre a curva: a voz para o oral e o olhar para o anal.

Nesta sessão, Marisa mostra essa conexão do estágio oral à voz pela demanda ao Outro, e do estágio anal ao olhar do Outro, com as intrincações que podemos, assim, esquematizar: ela primeiro está interditada diante do objeto oral, mas este interdito só se articula plenamente sob o olhar do Outro; ela diz como este olhar faz do objeto oral interditado um objeto anal, ou seja, um dejeto, mas sobretudo a causa de seu desejo. Nos dois casos, a demanda domina igualmente sob a forma que se manteve até então em seu tratamento: uma demanda ao Outro (tom suplicante de Marisa dizendo "cacá").

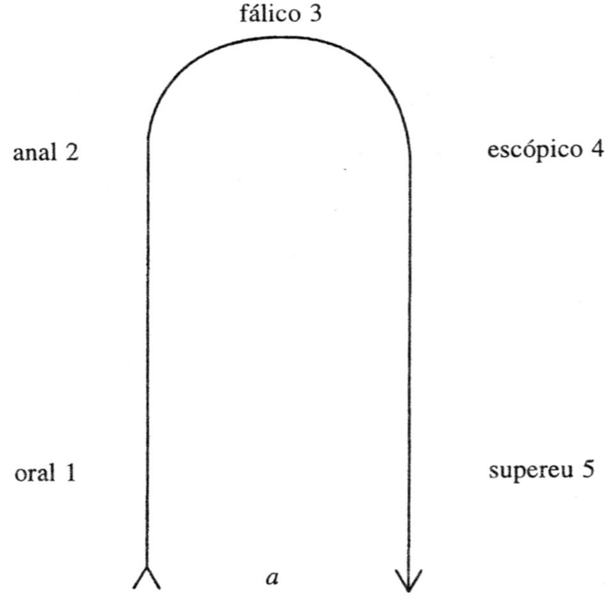

Esta parte real da pulsão, Marisa diz também ser ela a porta de saída no equívoco "çaça-lolô", que abre seu *Penisneid* para um significante, o primado do falo.

Em 12 de fevereiro, ela retornou ao jardim de infância, apesar do estado de excitação agudo de Robert, somente pela manhã, para evitar encontrá-lo quando ele retornasse de sua sessão. Robert, neste período, está transtornado, no sentido próprio do termo, pelo drama de seu encontro com duas mamadeiras, ou seja, com o "dois" que não pôde suportar.

É ainda o objeto pulsional oral e o conflito aí reatado que Marisa expressa primeiro: de fato, ela mergulha o pires no creme e me faz lamber sua borda, antes de derramá-lo em meu colo, matraqueando, o que me permite interpretar-lhe o brutal desmame sofrido por ela.

Mais uma vez, no momento desta sessão, ela me faz verter o leite da mamadeira numa canequinha, mas, desta feita, ela o entorna no chão.

Depois, dá-me a mamadeira para que eu lhe retire o bico, que segura por longo tempo em sua mão, bastante rígida. Decide-se a colocá-lo sobre a mesa para vir coalar-se em mim, uma de suas mãos sobre minha coxa, sua cabeça encostada em meu rosto, depois em meus lábios. Faz-se abraçar durante três minutos, olhando-me muito vesga no começo e, em seguida, menos.

Mas seu *Penisneid* é sempre insistente, pois, por um lado, ela fez pipi ao derramar o leite e, por outro, ela substitui o leite na mamadeira por um tubo vazio que encontra em meu bolso. Quando retira o tubo da mamadeira, com dificuldade, ela vai esfregá-lo na poça de pipi dizendo "pipi".

Que esperança apodera-se dela quando me diz "lá em cima", segundo o próprio significante de Robert, para subir até a sala de sessões, onde não voltou desde que Robert tem ali suas sessões? Na sala, inspeciona tudo, olha especialmente a areia, a respeito da qual ela diz seu significante "ça-ça". Recomeça o jogo do tubo que deixa cair da mamadeira vazia, seja em sua mão, seja na minha: representante fálico.

Ao ir embora, seu "ça-ça" suplicante é acompanhado por uma busca, em outro lugar, diante do vestiário das enfermeiras, onde ela encontra e leva um par de sapatos: representante fálico também, mas desta vez fora do meu espaço.

Em 13 de fevereiro, ela vai voltar à sala de sessões, como na véspera. Encontro-a contemplando uma caneta que uma enfermeira mostra a uma criança.

Na sala de sessões, aproxima-se da cama e parece hesitar em subir nela. Decididamente, coloca ali a mamadeira.

A sessão é curta, pois, após ter triturado a areia, ela me diz "adeus" e sai fechando a porta. Durante cinco minutos, ela volta várias vezes a abrir esta porta, passando sua cabeça para ver se estou sempre ali, guardiã, de algum modo, deste objeto fálico, a mamadeira na cama.

É sempre deste objeto, sob outra forma, que me torno dispensadora na cozinha ao sairmos da sessão. Ela pega um pão comprido e me entrega, algaraviando imperiosamente. Corto uma fatia, o que a leva a tirar-me a faca para bater no pão com ar satisfeito.

No refeitório, ela come sua fatia de pão. Digo-lhe "adeus".

Em 14 de fevereiro, não atendi Marisa, mas passo para vê-la depois de deitada por ela ter-me ouvido com Nádia. Acendo a luz e vejo-a de pé em sua cama. Ela pega a caixa que tenho nas mãos com alguns objetos dela, escapa pelo corredor ao perceber a enfermeira, esperando que eu a siga, mas digo-lhe que está na hora de fazer dodô. Beijo-a, o que a comove profundamente.

Em 15 de fevereiro, quando chego, ela está sobre a mesa de trocas, levanta-se para olhar minha imagem na vidraça acima desta mesa, apoiando-se em mim, depois recua, e volta-se para mim. Isto me traz uma lembrança recente de Nádia, que acaba de transpor, em sua análise, as diferentes etapas da criança no espelho. Marisa, porém, mostra que ja fez o ciclo completo do encontro no espelho; sua imagem, a do Outro, em seguida ela se volta para o Outro tomado como testemunha.

Ela quer descer e vai até a porta, esperando que eu a abra. Dirige-se para um quarto que preparei para sua sessão, estando a sala de cima ocupada. Ela me dá um bombom que possuía, e verificará várias vezes se eu ainda o tenho. Come o chocolate atrás de mim, colada às minhas costas, pega o lápis em meu bolso mas não está contente por não encontrar o papel; joga o lápis, como se a existência do lápis, para ela, dependesse da do papel para mim, quer dizer, nós o vimos, o "não-lápis", do par presença-ausência da representação.

Que ela me diga "po-po" e vá buscá-lo, apaga-se diante da cena a seguir, onde ela me faz esvaziar a mamadeira de leite no prato de creme, dizendo "pipi" por duas vezes. Digo-lhe que a mamadeira faz pipi. A acoplagem oral-anal prossegue com o bico do "pipi" fálico.

Entretanto, tendo posto a mamadeira vazia na cama, ela volta ao penico onde coloca, no fundo, uma espátula abaixa-língua, gritando "cacá". Muda, então, a mamadeira de cama colocando-a bem ao fundo — fundo do penico, fundo da cama — uma cama onde sobe com minha ajuda, onde ela vai abraçar a mamadeira, acoplando seu próprio lugar de objeto à sua posse do objeto.

Neste momento, estende um braço para o teto dizendo "mais", até eu entender que ela quer ir à sala de sessões, onde não pudemos subir.

Nesta sala, encontra um pente, penteia-se e me penteia mas, como não descobre ali nenhum alimento, parte dizendo "cacá": a falta do alimento se associa ao objeto anal.

No andar de baixo, ela quer subir de novo apenas para fazer pipi, mergulhando sua mão na água da bacia. Será isto fálico?

De volta, ela diz "não" à enfermeira e quer um pedaço de pão que vem comer no meu colo.

Em 16 de fevereiro, encontro-a perto de uma enfermeira, chorando, por ela estar com uma criança no colo. Esta enfermeira me diz que Marisa lhe perguntara o que tinha em volta do pescoço. Ela lhe disse: "um lenço", e Marisa repetiu "lenço".

Passando diante do refeitório, Marisa me pede um prato de compota de bananas, que come sentada em meu colo — ela pode fazê-lo, mas fora do espaço da sessão.

Na sala de sessões, pede-me para abrir o armário e quer um caminhão que a encanta, gira suas rodas e tenta enchê-lo de areia.

Vai até a cama mas não pode decidir-se a subir nela; com violência, dá o bonequinho para mim. Pega uma caixa que sacode perto de sua orelha para saber se contém alguma coisa. Como contém ela me diz "abre": é uma bola que ela rola pelo chão, lançando-a depois na parede.

Em 20 de fevereiro, quer ainda que eu abra o armário da sala de sessões para inspecionar seu conteúdo, porém, desta vez, ela aí encontra um coelho de pelúcia que segura uma cenoura. Ela arranca a cenoura, fica com ela, põe o coelho no meu colo, o acaricia e toca-lhe os olhos. Guarda, portanto, para si o representante fálico, associando-o a um biscoito que come.

Depois, pega o pente, mergulha-o no mingau e passa nos seus cabelos, numa conduta inversa à de sua apropriação da cenoura, mas de um modo anal que ela prossegue ao fazer-me despejar o mingau numa canequinha, dizendo "pronto!" quando a caneca está cheia.

Retorna ao fálico, fazendo-me colocar meu relógio em seu pulso, e retomando a cenoura, que segura com a mão do mesmo lado em que colocou o relógio. Realiza, assim, uma imagem simultânea, masculina, pela cenoura, e feminina, por meu relógio: ao mesmo tempo presença e ausência fálicas, e mesmo, imagem de bissexualidade.

Um certo resultado a faz desviar-se de objetos como a boneca ou o berço.

Aliás, neste momento os objetos da sessão não mais lhe concernem, e sim um exterior, para além da janela, que me faz abrir. Dizer o significante "totô" ante um carro que passa evoca-lhe a experiência das mudanças por que passou — o que ela confirmará mais tarde.

A via do significante está, a essa altura, aberta para ela que, descendo as escadas, diante de um exterior, pergunta-me: "o que é isso?", apelando ao saber do Outro, excluindo toda manipulação imaginária.

Esta significância alcança toda sua amplidão, à noite, através de três fatos: 1) Reconduzindo Robert, após sua sessão, encontro Marisa que me sorri e corre para buscar em seu quarto o penico onde fez cocô, a fim de dá-lo a mim dizendo "cacá", com ar radiante. Primeiro dom anal fora da sessão, o qual levará muito tempo para acontecer em sessão sob o olhar do Outro. 2) Ao chegarmos em seu quarto com Robert, este sai e ela lhe diz num tom de comando "fechar porta", caráter imperativo de um significante em seu lugar. 3) Enfim, ela conclui, ao conduzir-me diante do espelho, onde, no meu colo, ela quer se ver e ver-me, com o que foi realizado da perda inerente ao especular.

NOTA

1. Jacques Lacan, *Le Seminaire*, livro x: *L'Angoisse*, op. cit, 19 de junho de 1963.

CAPÍTULO VIII

Dos objetos do Outro à simbolização do Outro materno pela transferência

No momento da importante sessão de 20 de fevereiro, vimos o progresso de Marisa na significantização dos objetos, com a passagem do *Penisneid* ao fálico. A alienação ao Outro pelos objetos de que é portador, no início, dá lugar à separação que Marisa introduz com o espaço exterior à janela. É ali que, na transferência, ela coloca esta parte de exterioridade do Outro materno, opondo-se à intimidade alienante que, até então, ela buscou com o Outro que sou; dois de seus significantes respondem por ela: "totô" para o exterior e "fechar porta" para a intimidade a dois no interior; eles testemunham a alternativa dentro/fora e sua colocação em perspectiva, durante esta sessão.

Em 22 de fevereiro, ela me mostra primeiro que o coelhinho não tem mais sua cenoura. Ele está castrado e ela o coloca no berço, no lugar do bonequinho, de quem me faz retirar a fralda, pondo assim em evidência a castração dele também. Então ela o penteia, penteia-se e parece ter grande prazer em que eu a penteie, assumindo, de algum modo, sua castração.

Não é de surpreender que, em seguida, ela busque junto a mim uma compensação sob a forma de um prazer oral: faz com que a sente em meu colo, me dá um prato de arroz-doce e come o conteúdo, sua cabeça encostada em mim. Não se trata aqui de inibição diante de um objeto pulsional, e sim do encontro com um prazer onde o objeto já é metonímico.

Quer, em seguida, um vaso de flores que viu na janela e me pede dizendo seu "ça-ça", equívoco significante com "cacá" que designa o campo onde ela evolui um outro equívoco, promovido quando bate na terra do vaso com sua colher, antes de lambê-la.

Desce levando seu prato. No patamar do primeiro piso, ela quer que a coloque de pé sobre uma mesa para inspecionar o extintor vermelho pendurado na parede.

Enfim, ao retornarmos, na cozinha, ela me dá seu prato e diz "ça-ça" designando-me a geléia. Vem comer esta geléia no meu colo, mas, ante a irrupção de Robert que quer seu prato, ela me conduz a uma outra sala, sempre com o prato.

A introdução do vaso de flores na sessão não é, provavelmente, sem relação com o apreço de Robert por este objeto, relacionando-se também com o significante "*pot*" (penico).

Em 23 de fevereiro, brinca com o espaço, seu espaço. Querendo subir imediatamente à sala de sessões, depois de Robert, deparou-se com o estado terrível na qual ele a deixou: leite, água, terra, areia, pipi derramados sobre o assoalho. Então, pegando suas coisas que estavam guardadas no armário e que lhe dou, foge desta sala e vai para o consultório de um médico. Coloca seu caminhão em cima da mesa, volta à sala de sessões para perguntar-me o que há no armário e diz "dá". Desta vez, carrega toda a comida, visivelmente para que Robert não tenha nenhuma. Eu lhe digo isso e ela sorri.

Retornando à sala, quer ficar no meu colo, interessa-se pela luz e, pela primeira vez, ela quer tocar a lâmpada e me diz "dá". Faz-me recolocar a lâmpada, penteia-se e faz-me penteá-la religando assim a lâmpada à castração, como vimos e, mais ainda, à uma perda primordial que vai especificar. Pede novamente a lâmpada levando-a ao descer. Ela diz "embaixo". Na cozinha, quer o sabão e brinca com a água.

Na sessão de 26 de fevereiro, ela reencontra a cenoura do coelho e, não apenas a coloca em sua boca como se quisesse comê-la, mas demonstra, pela segunda vez, a relação do pente com o falo, ao querer que eu penteie as folhas da cenoura, o que recuso para não realizar o que é apenas metonímia. Sua resposta foi pentear-se. E, tal como a 22 de fevereiro, ela pega o bebê, toca sua boca, depois coloca-o em meu colo e hesita em retirar sua fralda. Finalmente, ela o penteia com agressividade para comigo, como uma reprovação endereçada a mim por sua falta fálica. A partir deste momento ela vai resmungar muito, embora eu não tenha ouvido o som de sua voz até então.

Junto à janela, ela me diz "abrir", faz com que lhe dê um vaso de flores e olha sorrindo o espetáculo da rua. Ela gostaria de ir passear comigo no telhado.

Com o vaso de flores ela começa fazendo transvasamentos, depois, olhando-me bem, ela o esvazia no assoalho e, durante um longo momento, ela espalha a terra com deleite e agressividade contra mim. Lembro-lhe o estado da sala deixado por Robert e digo-lhe que está fazendo a mesma coisa hoje, contra Robert relativamente a mim.

Ela me estende o coelho com uma das mãos, a cenoura com a outra e espera. Decidida, faz-me colocar a cenoura entre os braços do coelho e o coloca sobre uma prancheta fixada na parede, que lhe servirá a seguir para afastar este ou aquele objeto.

Torna-se então cada vez mais reivindicadora, sacudindo agressivamente sob meu nariz o vaso de flores vazio. Digo-lhe que me pede algo impossível, que ela me fez devolver a cenoura ao coelho, mas que está com muita raiva de mim por eu não poder torná-la um menininho, que quer o que não está ali, recusando o que lá está para ela.

Faz-me encher uma xícara com o mingau e colocá-la numa caixa que me entrega. Vem para meu colo e come todo o mingau, a cabeça apoiada em mim. Quando a xícara está vazia, ela me faz colocar nela o leite da mamadeira, bebe uma parte e joga a outra em cima de mim servindo-se da colher. Digo-lhe que achou bom o leite bebido no meu colo, mas que me respingou com o resto por querer mais que o leite, e achar que não lhe dou tudo que pensa que eu poderia lhe dar, dando-o a um outro.

A sessão terminou. Ela quer a lâmpada elétrica para descer: ela a defenderá das outras crianças.

Em 27 de fevereiro, estende-me os braços, em seguida se penteia olhando-me com ar hostil, recusando o que este pente representa. Tenta fazê-lo desaparecer numa ranhura do assoalho, depois, finalmente, ela o põe no armário.

A cena que se segue tem a ver com o espelho, mas de um modo tal, que Marisa nela demonstra a existência de um mais além da imagem, um objeto *a* não especularizável. A cena não acontece diante do espelho, mas sim diante de nosso reflexo na vidraça da janela aberta por ela. Ela se olha, olha-me, passa sua mão pelo outro lado do vidro para pousá-la sobre o reflexo de sua boca, sempre fixando-me agressivamente. Põe o dedo ali; num dos lugares da falta, a boca. Neste momento, resmungando e olhando lá fora, ela quer, evidentemente, coisas inatingíveis; eu o digo para ela. Digo-lhe novamente que sempre me pede coisas que sabe não poder dar-lhe, as quais pensa que eu lhe tirei, como um dia tiraram-lhe seu alimento ao levarem sua mãe. Ela me escuta atentamente, faz-me fechar a janela e volta para a sala. Pede a lâmpada mas, desta vez, quer também o tubo retorcido pelo qual a lâmpada é fixada na parede. Tenta puxá-lo para tê-lo e me diz "quero", imperativamente. Digo-lhe que ali também ela quer pegar algo de mim que não posso dar-lhe porque sou uma mulher como as mamães e ela uma menininha, tal como Rosine é uma menina.

Minha interpretação torna-a muito hostil. Seu furor é crescente e ela esvazia, sucessivamente, metade do prato em meu colo e toda a terra do vaso no chão.

Faz-me recolocar a terra no vaso para derramá-la, diante de si, em seu avental, e portanto, contra ela. Faz-me novamente repor a terra e, olhando-me, ela derrama, desta vez, na minha direção.

No meu colo, vem comer com prazer algumas colheradas da mamadeira entornada no prato, mas é outra coisa que quer e me mostra: encher de leite as canecas, comer o conteúdo delas com a colher, sozinha, olhando-me agressivamente e comandando-me com violência. O sentido de toda esta cena é de arrancar-me do alimento.

Eu me assôo, ela pega meu lenço, mas está decepcionada e o recoloca no bolso sobre meu peito. Ao fazer isso, encontra um tubo nele colocado por Robert: pega-o, apalpa-o, inspeciona e, novamente decepcionada, coloca-o na mesa. Põe-se novo a beber o leite nas canecas com a colher, cada vez mais descontente. Digo-lhe que não é o leite que deseja tomar, mas a mim, e que não pode.

Então, ela bate na água da bacia com suas mãos para fazer-me enxugá-las com meu avental, até que ele esteja ensopado — ensopado de pipi.

Vem diante de mim, abre largamente meu avental, tenta arrancar os botões de minha camisa, exige que eu a abra e feche, várias vezes do mesmo modo. Então, olhando, depois tocando meu peito, diz-me imperativamente com um desejo violento: "la, la, la".

Interpreto sua demanda imperativa, por um lado, como a de um alimento primordial que viria de mim, quer dizer este alimento do qual foi privada no momento de seu desmame precoce, e por outro, como metonímia de um canibalismo que faria com que me absorvesse e guardasse dentro de si.

Mas ela não está nada contente e volta a bater na água da bacia, como havia feito pouco antes de buscar o seio. Indicação flagrante que a interpretação oral e canibalesca é insuficiente. Esta mesma insuficiência explica o fato dela insistir em descer novamente com a lâmpada, que se confirma como um representante muito arcaico. Demora a aceitar deixar-me.

Quando chego em 28 de fevereiro, encontro Marisa balançando-se sobre o cavalo de balanço, o rosto imóvel. Assim que me vê entrar, seu rosto se enche de vida, mas continua a se balançar, à espreita. Somente quando tem sua capa sobre os ombros, portanto, quando está segura de que vou conduzi-la, é que me estende os braços, radiante. Desde que está em meus braços, aperta meu pescoço e coloca sua cabeça sobre meu ombro. Pode-se dizer tratar-se aqui de amor de transferência para comigo, mas também sua inquietação, dada a hostilidade que desenvolve contra mim, na sessão, em seu debate.

Na sala de sessões, só pára um instante diante do prato de creme de chocolate, depois de ter agitado um pouco a colher dentro dele, sem comê-lo. Vai diretamente à prancheta buscar a cenoura do coelho sem tocá-lo. Tenta arrancar as folhas verdes mas, não conseguindo, ela quer que eu o faça. Interpreto que não podemos retirar as folhas da cenoura, que é o alimento do coelho, do mesmo modo que não tirei o alimento de Marisa, no que ela acredita, por um lado, devido a Robert, com quem me ocupo, e por outro, porque lhe levaram sua mãe. Vai então recolocar a cenoura sobre a prancheta.

Passa imediatamente não apenas à lâmpada que quer, mas ao tubo retorcido que a fixa na parede, como na sessão precedente. É sobre este que ela diz um "la, la, la" imperativo, depois de eu ter-lhe dado a lâmpada; um "la, la, la" no tom em que o havia dito, ao tocar meu peito. Não é mais, portanto, a lâmpada, como representante do seio, que Marisa reclama, e sim o cordão desta lâmpada. Interpreto a perda inicial no nascimento e o corte do cordão umbilical, acrescento que ela gostaria muito de estar dentro de mim tal como um bebezinho dentro de sua mamãe antes de nascer é ligado à sua mãe do mesmo modo que a lâmpada à haste que ela quer pegar. Assim que o bebê sai de sua mamãe, ele bebe o alimento que ela lhe dá e é muito bom quando ela está ali. Se a mamãe não está ali, o bebê come muito para se encher o máximo possível, acreditando que isso o preencherá de sua mãe, aquela que dá o prazer de tomar o alimento. Ela me escuta com seu estrabismo indo de um extremo ao outro, ou muito acentuado ou imperceptível.

Puxa o prato de creme, gostaria de comer, mas alguma coisa a impede de fazê-lo. Pede-me um bombom que come avidamente; é um pouco de mim.

Vai até a janela, abre e quer andar no telhado. Depois, mostra-me uma árvore fora de seu alcance e pergunta: "o que é isso?". É ainda alguma coisa que não lhe posso dar.

Esvazia o vaso de flores sobre o assoalho, gostaria de recolocar a terra dentro dele, mas não ousa, pede-me para fazê-lo. Ela quer saber se aceito que ela não dê nada. Digo-lhe que a terra, tal como o cacá, é dela e que pode fazer o que quiser com eles. Torna a esvaziar o vaso, faz-me recolocar a terra dentro, desta vez, porém, ela me ajuda. Depois espalha a terra por toda parte, feliz da vida, dizendo: "pronto!"

Coloca o prato em minha mão, agita a colher no creme, mas ainda não está bom. Então, faz-me verter o leite num copo de metal, mergulha meu lápis dentro chupando-o várias vezes seguidas, olhando-me. Finalmente, bebe todo o leite do prato com pequenas colheradas, mas sem o creme. Será a cor do creme de chocolate o que está em questão, e que eu devia retirar?

Embaixo, na cozinha, pede um prato de arroz e quer comê-lo no meu colo, pegando apenas algumas colheradas. No jantar só comerá este prato de arroz.

Em 1º de março, sou informada que, na véspera, ela se submeteu a uma paracentese bilateral: otite sem febre.

Ficará no meu colo durante toda a sessão, onde combinará, ao mesmo tempo, no decorrer de duas cenas que se seguirão, o alimento primordial e o nascimento.

No meu colo, segue a lâmpada com uma das mãos e, com a outra, um prato de tapioca olhando, alternadamente, para mim, a lâmpada e a tapioca. À medida que ela molha seu dedo na tapioca, falo do alimento que ela gostaria, vindo de mim, tal como o que os bebezinhos recebem de suas mães. Mas não é isso o que ela quer e ela me respinga leite com a colher.

O que ela quer, ela o diz no decorrer da segunda cena: colocando o bico na mamadeira ao contrário, põe um bombom dentro dele e quer que eu o amasse até que o bombom passe pelo furo. Então diz "pronto!", feliz, e recomeça a operação muito emocionada. Interpreto essas imagens combinadas de nascimento e alimento do seio materno como se houvesse necessidade simbólica de acoplar nascimento e seio materno. Na medida em que lhe digo não poder dar-lhe esse último, porque não sou sua mãe, ela me conduz à janela com o bombom e a lâmpada, faz-me abri-la e diz "lá-longe, lá-longe", colocando um braço em volta de meu pescoço. "Lá-longe, lá-longe" é o significante de sua mãe que se foi, e que pode dizer na transferência: ela gostaria que eu a levasse comigo para longe.

Pega sua capa e diz "refeitório". Ao descer, diz-me alguma coisa com a entonação de uma frase, mas que permanece incompreensível.

Em 5 de março, ao chegar à instituição, escuto uma criança rindo e, através da grade, vejo Marisa sozinha brincando com o gato. Aproximo-me, ela matraqueia, diz-me "gato" e faz-me acariciá-lo.

Um pouco mais tarde, subo com ela no colo para a sessão, segurando um prato com rodelas de banana. Sempre no meu colo, quer ir até a janela, carregando seu prato, pois gostaria de comer lá fora. Digo-lhe que não podemos sair pelo telhado, e que ela me diz "lá-longe" porque gostaria de sair comigo, mas que é preciso descer as escadas para ir lá fora. Marisa olha-me atentamente, sem ficar vesga, e me diz "descer lá fora".

Colocada no chão do jardim, conduz-me até o gradeamento, diz alguma coisa e, com meus braços, tenta abri-lo dizendo: "lá longe". Falo de seu desejo de reencontrar sua mamãe, o que não é possível, e que é dentro da casa onde a vejo todos os dias que pode preencher-se junto comigo de coisas que lhe dão prazer, se ela assim o quiser.

Escuta-me com atenção e quando termino, diz-me: "lá em cima". Subimos novamente. Na sala, diz-me "sentado" e vem para meu colo. Devo segurar o prato e colocar em sua mão os pedaços de banana; come até esvaziar o prato.

Quer outra banana no refeitório, explicitamente demandado por ela ao dizer-me "refeitório", como para localizar sua satisfação oral na instituição, por meu intermédio, ou seja, o lugar de sua transferência, onde se trata de sua mãe.

Mas ela não se esquece de que, assegurado o pulsional, pode-se dizer, o fálico permanece insistindo e, no banheiro onde me conduz, faz-me abrir e fechar as torneiras, antes dela mesmo fazê-lo.

No final, sai de meus braços com dificuldade. Eu lhe falo suavemente e ela aceita minha partida dizendo: "até amanhã".

Nestes dois últimos capítulos, reencontramos o que já havíamos encontrado da relação de Marisa com o Outro e com o objeto, na entrada de sua análise. Mas aqui temos de haver-nos com o trabalho analítico sob transferência, cujo pivô lógico é o significante, ou seja, a complexa passagem do objeto pulsional ao significante fálico $a/\text{-}\varphi$, com os dois tempos correspondendo, respectivamente e ao mesmo tempo a:

1. constituição do *a* na relação do $\$$ à A e, pelo significante do Outro, à queda do *a*;

2. pela via da regressão e de sua interpretação, à do Outro simbolizado, portanto, barrado.

Se $\$$, sujeito ainda desconhecido, já é sujeito do significante pelo gozo do S_1, enquanto significante da língua que não comunica — Marisa o mostrou claramente com seus primeiros significantes —, os significantes da comunicação que lhe vieram do Outro, ainda que lhe pesem, não obstante a tragaram: foi de mim, no lugar deste Outro que ela recebeu pelo canal de minha voz "sua própria mensagem invertida", um "tu és" sem atributo. Minha voz colocava-me como alteridade, condição fundamental de uma demanda.

A constituição do objeto *a* passa por esta etapa inicial da voz: é o que o sujeito enquanto tal recebe primeiro pela linguagem que coloca não apenas o Outro, mas também os três outros objetos pulsionais em sua estrutura específica.

Em seu *Seminário*[1], Lacan definia cinco etapas na construção deste objeto *a*:

1. O objeto oral, não a necessidade do Outro, mas necessidade no Outro. É o que Marisa mostra em sua busca sobre o corpo do Outro, depois de só ter conhecido a necessidade de um outro para sobreviver na instituição.
2. O objeto anal que coloca claramente como a demanda no Outro, e isso para além da experiência que tem em suas sessões, onde não lhe peço nada.
3. O objeto fálico (-φ), função única e diferente em relação a todas as outras funções de *a*, gozo no Outro, mas também gozo do semelhante.
4. Objeto escópico, a mais importante forma de toda posse contemplativa.
5. Enfim, o lugar que Lacan interroga nos termos: "O que há no nível do grande Outro? É aí que deve emergir o desejo no Outro. Para cobrir o desejo do Outro, há retorno à demanda do sujeito ao Outro, depois à demanda do Outro: é preciso que o Outro lhe demande isso". O *a*, "o objeto como causa, vem situar-se onde domina a demanda, no estágio anal, onde ele não é apenas excremento, mas sim excremento enquanto demanda". Foi o que vimos com Marisa que, fora do real de todo objeto, joga com a demanda, tanto demanda ao Outro quanto demanda do Outro, mesmo no nível anal. É a sua maneira de colocar ou antecipar a função de *a* como falta, na ausência do falo, e como disjunção entre o desejo e o gozo, em posição extrema do fálico, diz Lacan, numa posição de retorno das etapas 4 e 5, escotofílica e superegóica, que as conduz em correlação com as etapas 1 e 2, oral e anal.

NOTA

1. Jacques Lacan, *Le Séminaire*, livro X: *L'Angoisse*, op. cit., 16 de junho de 1963.

CAPÍTULO IX

Os significantes pulsionais e sua ronda substitutiva fálica

Ela ficou muito sentida com a cena demoníaca de Robert na noite de 5 de março, onde ele era o seu "lobo", embora ele não a visasse especialmente. Ela foi encontrada deitada debaixo de uma cama, adormecida.

Em 7 de março, eu achava que ela não me havia visto chegar na instituição, porém, mais tarde, seria informada de que ela me procurava há mais de uma hora. A observação que se impõe, e que não deve nos surpreender, é a "capacidade de falta" de Marisa, por oposição absoluta com a estrutura de Robert que, inteiramente no real, não tem esta capacidade, pois ao real não falta nada: para ele, eu estou ali ou não estou ali.

Quando vou buscar Marisa, encontro-a com um estrabismo maximizado, que já não tinha desde a cena diante das grades, em 5 de março, onde dissera o significante "lá-longe", relativo à perda e à ausência de sua mãe que situava em exterioridade.

Em oposição a esta exterioridade, ela coloca primeiro sua intimidade com seu Outro, não apenas dizendo "fecha a porta" e pedindo-me a lâmpada, mas também ao abrir o armário e querendo entrar dentro, o que interpreto em termos de habitat pré-natal. Essa interpretação permite que ela passe para a exterioridade de seu Outro, ao conduzir-me até a janela para dizer-me: "lá-longe". A propósito do Outro e da oscilação de Marisa entre exterioridade e interioridade, poder-se-á usar o termo "extimidade", forjado por Lacan para o objeto?

O objeto — e não qualquer um — é aquele do qual Marisa se ocupa no mesmo instante, e deliberadamente, ao conduzir-me ao WC do *hall*, dizendo "[r]*obinet*" (torneira). Ali, de pé em cima de seu sofazinho, ela brinca com a água por vinte minutos, dizendo "água", querendo capturar o fio do líquido, por várias vezes, enchendo o copo de metal que me entrega, sem beber, colocando enfim sob o filete d'água um bombom, mordendo um pedaço e dando-me o resto. No final, na medida em que diz "água" e que lhe falo da água, ela responde "[r]*obinet*" (torneira), toca-a, mas não quer mais abri-la, nem que eu o faça: ela gostaria é de que eu lhe desse esta torneira. Como ela a reclama de modo cada vez mais imperativo, eu interpreto, na transferência, que acredita ser uma menininha por eu não ter-lhe dado a torneira e que tenta incorporá-la com o bombom, que colocou debaixo da água da torneira antes de comer um pedaço. É verdade que Marisa deu-me a metade deste bombom, afetando-me, portanto, com o objeto em causa, segundo a fórmula $\overline{\exists x}. \overline{\Phi x}$: todo ser vivente é fálico.

Da mesma forma, aliás, tenta chegar aos seus objetivos vertendo em seguida um pouco do leite da mamadeira no copo d'água, antes de beber a metade.

Ao descer, detém-se na cozinha diante da torneira do fogão, que pinga num pequeno balde e, agressiva e esperta, respinga-me com esta água.

Como ela se recusa a entrar no jardim de infância porque Robert está lá, penso em seu *Penisneid*, no que Robert tem e ela não e, mais ainda, por ocupar-me com Robert, penso no que sou suposta ter dado a Robert, do qual a privei, privei no momento de seu desmame, pois toda esta cena concerne, de modo evidente, a seu *Penisneid* no modo pulsional oral do "seio-pênis". No Menino do Lobo, encontramos um acoplamento, mas no real, no tudo ou nada, quer dizer, sem o simbólico do qual Marisa dispõe, que faz na presença-ausência a dimensão da falta, onde a torneira não é um pênis, mas está no lugar de uma falta.

Em 10 de março, se ela sobe com uma boneca e faz tudo para não encontrar-lhe um lugar na sala, é porque é ela mesma que não tem mais lugar, pois na véspera estive com Robert em sessão e não com ela. Pede para descermos.

Embaixo, depois de um enfermeira falar-lhe, ajoelhada perto dela, estende-me os braços e diz "lá-em-cima".

Quer, primeiro, a lâmpada, mas principalmente que retire seus sapatos e meias, como Robert, o que lhe digo. É exatamente para fazer como Robert. Ela sobe no meu colo pois não gosta de estar descalça.

Numa cena bem longa, mostra-me a privação que lhe inflijo fazendo cair para trás o capuz vermelho da boneca. Olha dentro do capuz, onde há um chumaço de algodão para que fique bem pontudo, e me diz: "o que é isso?". Devolvo-lhe a questão, pois não sei a significação que ela lhe dá. Descontente por eu não responder, faz-me recolocar o capuz na cabeça da boneca, apalpa a ponta matraqueando várias vezes alguma coisa que não compreendo: eu digo a ela. Então, mais violentamente que antes, sempre com a colher, faz cair o capuz para trás com um gesto tão brusco que o chumaço de algodão é projetado no berço. Ela diz "pronto!", com ar satisfeito. Retira o capuz da boneca e, dez vezes seguida, joga-o cada vez mais longe para fazer-me pegá-lo e recolocá-lo na boneca. A cada vez, penteia a boneca com a colher. Digo-lhe que faz comigo o que pensa que faço com ela, quer dizer, ela arranca o capuz por eu não lhe dar o que quer. Ela acha mesmo que eu tirei algo dela, pois Robert tem uma torneira (*robinet*) para fazer pipi, e ela não. O corpo dele, portanto, tem alguma coisa a mais que o seu; retirou sapatos e meias como ele — é assim que ele desce todos os dias após a sessão — pensando que, deste modo, seria igualzinha a ele, ou seja, que terá o objeto cobiçado em lugar da falta.

Puxa seu prato, começa a comer a tapioca onde faz-me verter o leite da mamadeira. Antes de pedir para colocar a mamadeira sobre a mesa, apalpa-lhe o bico do mesmo modo que apalpou a ponta do capuz da boneca. Ao fazer molhar na tapioca os pedaços de biscoito que come, mostra, assim, querer incorporar-me, para ter nela a detentora do que tem Robert; mas eu não lhe digo a ligação entre este alimento e o seio.

Desce do meu colo, diz "cacá", faz retirar sua fralda dizendo "descer". Matraqueia muito repetindo "lá-longe".

Embaixo, no canto onde arrumamos os penicos, diz-me "penico-cacá" e avança a mão para que lhe dê um. Mas sei que pede para poder dizer-me não. De fato, assim que avanço a mão, ela diz "não", muito contente em dizê-lo. Interpreto seu contentamento em recusar-me seu cacá pois eu não lhe dei o que queria.

A sessão de 11 de março foi dominada pela relação de Marisa com Robert pois, como atendi Robert antes dela, ela começa zangada comigo. Além disso, como não posso dar-lhe a lâmpada que me pede, por estar quente, sua reação de humor traduz-se por um "embaixo" imperativo.

Mas, reconsidera logo que chegamos embaixo e me diz: "lá em cima". Sentada em meu colo diz "olha", mostrando-me a grande poça d'água no assoalho feita por Robert, que virou a bacia. Põe seu bombom na poça e o morde. Dou-lhe sempre a mesma interpretação relativa a Robert, particularmente, que colocou seu bombom na grande poça deixada por ele, antes de comê-lo. Que significa para ela esta água espalhada, senão um pipi fálico pelo qual ela quer identificar-se com Robert? Então, por um lado, ela quer virar a bacia, como ele, mas não consegue, por outro, tenta pegar a água com sua mão, como se fosse um objeto. Note-se que ela não se ocupa com a areia sem hesitar.

A significação fálica, em causa durante toda essa sessão, fica inteiramente clara quando, na volta da sessão, ela conduz-me ao banheiro, para brincar com a água e com a torneira, almejando que eu o faça também, para identificar-se, desta feita, ao meu desejo e, como eu não o faço, ela fica agressiva.

Toda a sessão de 14 de março vai concernir ao objeto anal. Ela começa por colocar claramente a recusa do dom anal: diante do penico diz "penico-cacá", levanta-o, mostra para mim dizendo "não". Interpreto a privação e mesmo o arrancar que representaria esse dom anal, com relação a Robert, e devido à sua violência.

Recomeça a interrogação do dom anal com o bonequinho de quem retira a fralda, olhando se há algo contido nela e dizendo "penico"; tal como uma ordem, para o bebê; toma o lugar do Outro intimando o dom anal. Isso me permite denegar qualquer exigência de minha parte, e afirmar o direito do bebê de dar o presente anal se quiser, de acordo com o que terá recebido.

Na verdade, não se trata do que possa de mim receber, mas sim do que ela quer tomar de mim, em compensação pelo que sou suposta já ter tirado dela através do cacá, ou seja, o pênis que dei a Robert.

Acontece que, ao descer, ela vê um menininho sentado no penico e diz "cacá-penico". Em vão enunciei para ela que o mesmo ocorre para todos os meninos e meninas, ela volta para meu colo e devo obedecer-lhe; ela me comanda para assegurar-se de mim, possuir-me. Então, ela dará.

Em 15 de março, ela me acolhe com seu sorriso profundo e terno, mergulhando seu olhar no meu, ficando cada vez menos vesga. Encosta seu rosto no meu e, assim, subimos para a sala.

Dá uma parada no W.C. e, em seu debate do cacá-pênis, introduz um representante bastante unívoco sob a forma da vassourinha de banheiros. Como olha nos óculos segurando a vassourinha e dizendo "cacá" e depois me olha, interpreto o cacá como a perda de um pedaço do corpo que Robert teria, pois eu o teria dado a ele.

Quando chega na sala de sessões, agita esta vassourinha, sempre matraqueando, coloca no assoalho dizendo "não tocar", exatamente como havia feito na sessão de 19 de janeiro, quando a depositara a alguma distância, olhando com tristeza e antes de ocupar-se com Robert. Deixa ali a vassourinha como um testemunho de seu debate, que articulará em outros níveis.

Simboliza inicialmente sua perda, retirando um gorro e um laço que tem nos cabelos; faz desse laço um chumaço e o esconde em minha blusa. Come a compota apoiada em mim. A troca entre o que ela me deu como um pedaço do corpo e o que pode comer fica ainda mais clara quando recomeça, escondendo em minha blusa um rolo de esparadrapo vazio, antes de comer de novo a compota. Porém, especifica o de que se trata quando abre minha blusa e minha camisa e toca meu peito dizendo "la-la", desta vez calmamente.

Seu jogo com o objeto oral termina quando pega o bico da mamadeira e o joga muitas vezes seguida, a fim de fazer-me pegá-lo, numa alternância de perda e do dom que espera de mim. Retomando a vassourinha e passando-a sobre o oleado da cama, ainda molhado após a sessão de Robert, ela associa este jogo com o pipi, portanto, com o pênis de Robert.

É o final de sessão. Ela conduz-me ao WC para recolocar a vassourinha onde a havia pego, sem ocupar-se muito com a torneira, com renúncia, escrevi em minhas anotações que levam em conta o fato da vassoura ter-lhe permitido dizer e articular, em vários níveis, seu *Penisneid*, no trio formado por ela, Robert e eu.

Note-se que, pela primeira vez, durante esta sessão, ela me chamou "[R]osine".

Em 18 de março desenrola-se uma sessão capital que resume a articulação de seu *Penisneid* com todos os objetos *a*. Antes, ela marca bem o desejo de posse ciumenta que tem de mim, por um lado, mostrando-se furiosa porque uma menininha sobe na nossa frente com uma enfermeira, isto é, segue nosso caminho para a sala de sessões e, por outro, batendo a porta, no momento em que entramos nesta sala.

Começa por recusar os bombons, devido ao fracasso experimentado ao utilizá-los para ter um pênis como Robert, colocando-os em contato com a poça d'água que ele deixou no chão. Em compensação, um pouco mais tarde, tenta fazer a mesma inundação d'água-pipi que ele, mas não podendo virar a bacia, contenta-se em brincar com a água.

Diz "doce" e vai mergulhá-lo na água da bacia antes de comê-lo, dizendo-me "doce". Hesita em colocá-lo na areia, mas termina de comê-lo, exceto uma pontinha que põe em minha boca. Digo-lhe que come esse doce mergulhado na água que Robert usou, esperando absorver, assim, a torneira de Robert. Faz-me comer um pedaço também, na esperança de que, fazendo-me absorvê-lo, eu poderei em seguida dá-lo a ela. Ela compreende bem, mas, ao tirar seu doce da água, ela já sabia que sua esperança seria frustrada.

Quer então a lâmpada e repete com freqüência "quente", esperando que eu possa dá-la. "Quente" (*chaud*)* primeiro encontro na realidade do fonema de seu significante enigmático "cho" de 19 de dezembro.

Mistura, a seguir, as insígnias da oralidade e da analidade, quando pega a fralda do bebê, anteriormente retirada, na qual colocou o alfinete. Esconde esta fralda no bolso superior de minha blusa, pondo em contigüidade o anal da fralda e meus seios. Não é a primeira vez que esta aproximação serve-lhe para evitar o dom anal, e até mesmo a invertê-lo, colocando o anal no registro oral. Tanto é esta sua visada que me faz colocar o penico do lado de fora, como se não devesse mais, de modo algum, tratar-se do dom anal em sua relação com o Outro.

Ela o substitui por um movimento narcísico onde, fazendo com que seja retirado seu avental, faz-me admirar seu vestido, dizendo "cacá-não penico", explícito. Parece volúvel, exuberante, fica ligeiramente vesga, como se assegurasse algo novo para si, sua posse de si mesma, em seu corpo.

Aliás, vai nesta mesma direção quando, ao fazer-se despir, fica apenas de camiseta e, nua, pega em meu bolso a fralda do boneco para fazer dela um chumaço alongado que coloca entre suas pernas dizendo "cacá". Como nada mudou entre suas pernas, ela reduplica o anal pelo oral, pedindo-me "doce", não para comê-lo, mas para dar-me de comer, numa visada imaginária, pois verifica novamente que nada mudou entre suas pernas, e simbólica, a qual não é nova: preencher minha falta suposta, devido à minha demanda do dom anal, a fim de que, preenchida, eu possa dar-lhe o que me demanda. Daí a inversão oral-anal que mencionamos.

Conduz-me de novo ao consultório do médico, onde produz uma surpreendente elaboração. Agarra sobre a mesa a mecha de um frasco de "Air-Wick" que havia retirado e deixado, quando fez uma primeira incursão neste consultório. Tenta separar o fio de metal que serve de armação, mas, não conseguindo, pede-me que o faça. Olha meus óculos e afasta as duas pontas do fio até que pudesse colocá-los em lugar de meus óculos, os quais pega, dizendo um "pronto!" radiante.

Brinca com meus óculos e, sobretudo, tenta equilibrá-los sobre seu peito, uma haste de cada lado do corpo, na altura dos seios e, mantendo-os

---

* *Chaud* — quente; homófono de *cho*, o significante enigmático. (N.T.)

nessa posição, volta à sala de sessões dizendo "cacá". Religa, novamente o objeto óculos, do escópico, com o objeto anal.

Pode então voltar ao cacá que se encontra de algum modo desconectado pelo movimento metaforizante que acaba de percorrer. Quer um penico, não o que havia excluído e, sempre emperequetada com meus óculos, senta-se nele imediatamente: é com um "pronto!" seguro que se levanta do penico sem nada ter feito nele.

Pega, então, o lápis em meu bolso, mergulha-o na tigela que contém os biscoitos e faz-me chupá-lo. Lembro-lhe já ter feito a mesma coisa com o leite, e que hoje é apenas simbolicamente, pois deu-se conta de que, não sendo eu sua mãe, não posso dar-lhe de mamar, assim como existem outras coisas que não lhe posso dar também — mamar, uma torneira, tudo isso vindo dar na mesma. Acrescento que, hoje, ela sabe gozar do que lhe posso dar.

Ao descer, ela repete "lá-em cima, mais", num tom de comando. Entretanto, aceita sem raiva ou retraimento que a sessão tenha terminado.

Diz-me "não jardim de infância, [R]osine". Fica com meus óculos, que só me serão devolvidos mais tarde.

Todo mundo observa seu jeito radiante, seu bom aspecto e desembaraço. Notei a queda total de sua inibição por estar nua na minha frente, gozando de seus movimentos e da posse livre e dinâmica de seu corpo.

Durante toda esta sessão, é com uma segurança surpreendente que Marisa nos ensina, por um lado, que um sujeito não pode dar o presente anal que lhe é pedido, se não se possuir narcisicamente em seu corpo — através de todos os cuidados e amor recebidos, o que não cesso de dizer a Marisa — e, por outro, que o presente anal não se reduz à sua vertente real de pedaço do corpo, tendo a ver também com o nada: viés do significante, onde se inscreve no lugar do Outro. Este objeto *a* tem a ver com o semblante. Vimos a contraprova desta cena com o Menino do Lobo.

Por que falamos de metáfora, um dos dois tropos onde se assegura o funcionamento do significante numa criança cujos significantes articulados ainda são raros, embora com um surgimento novo, constante? Porque os objetos que coloca em cena não dependem de uma consistência real que faria deles apenas o que são; ao contrário, estes objetos são os que ela nomeia progressivamente, no lugar e em nome de outros objetos inominados, e mesmo inomináveis, cuja presença, subjacente, situa-se no coração de seu debate. Algumas de minhas interpretações concernem ao sentido escondido ligado aos objetos que manipula no lugar e em nome de outros. Como pôde ocorrer esta substituição, se não estivesse em jogo a dimensão imaginária e simbólica destes objetos, quer dizer significante, afetando-os com a falta? Os objetos reais não intercambiáveis enquanto tais, ali ou não, não são marcados com a falta. Repitamos com Lacan: ao real não falta nada.

É neste sentido, ou melhor, nesta "diz-mensão" (*dit-mension*) que o termo "pantomima", aplicado à expressão das crianças no decorrer de suas sessões de análise, revela-se insuficiente, e até mesmo inapropriado, pois não permite distinguir os objetos que estes sujeitos manipulam no real, como o fez o Menino do Lobo, e aqueles que utilizam, como o faz Marisa, nas dimensões imaginária e simbólica. É o que demonstram as sessões seguintes.

Em 19 de março, exige sem demora a lâmpada elétrica, que está acesa, digo-lhe que está quente devido à luz; ela repete imediatamente "quente" e "luz": para ela, o objeto se apaga, não importa o que ele represente, por trás dos significantes do Outro que lhe dou. Aliás, de fato, quando um pouco mais tarde ela pode ter a lâmpada, apenas a coloca sobre a mesa, sem ocupar-se mais com ela.

É o mesmo movimento, ainda mais explícito, que efetua, em seguida, ao pegar um bombom, dizendo "bombom" e perguntando logo: "que isso?". É o que permite interpretar a metáfora que se apodera dela: ela sabe muito bem a palavra, mas pergunta-me porque desejaria que fosse outra coisa. Precisa-se acrescentar que a outra coisa, subjacente, é um significante no lugar do Outro que sou eu, e que ela o diz com sua questão?

Ela recomeça com um doce que segura sobre a cama sem pousá-lo. Faço-lhe a mesma interpretação chegando, desta vez, a dizer-lhe que gostaria muito que as coisas que lhe dou de comer fossem outra coisa ou que se transformassem em outra coisa, englobando tudo o que lhe faltou, acreditando agora que me recuso a lhe dar. Então, neste diálogo comigo, ela vai ao ponto nodal da transferência quando, na janela, pronuncia o significante "lá-longe", relacionado com sua mãe desaparecida; depois, com um alegre sorriso, os significantes "não fora, dentro", dirigidos ao Outro da transferência.

Senta-se à mesa diante do prato de creme para fazer uma longa cena assim resumida: come o creme a cada vez que esbarra na impossibilidade de mamar no peito.

Reencontra o pentinho, está perturbada com ele. Bate em si mesma, rosto crispado, bate em mim, novamente nela mesma antes de lançá-lo com furor, longe de si. Aliviada, olha-me, come um pouco de creme e dá duas colheradas para mim.

Tendo pego meus óculos, come enquanto os segura, faz-me comer, depois tenta colocá-los sobre seu nariz. Olhando-me, tudo faz para não consegui-lo. Tenta colocá-los atravessados sobre seu peito, na altura dos seios, depois em sua fralda, terminando no lugar em que pretende deixá-los: em volta do pescoço. Então, come.

Com uma parte minha que não tem, ela me demonstra: 1) que não quer chegar a apropriar-se dela; 2) que este pedaço de mim é o seio e a torneira, pedaço dela que acredita ter-lhe tirado com o cacá, por causa de Robert; 3) que come para compensar este pedaço de mim que não tem, tal como não tem óculos, porque eu não lhe dei o seio. Digo-lhe isto pouco a pouco. Num dado momento, abre minha blusa dizendo: "lá", torna a fechá-la com prostração, depois, dá-me de comer, pensando que lhe darei, em retorno.

Retomo: não sou sua mãe, ela não pode mamar em mim, ela também não tem mais idade para isso; acreditaria, mamando em mim, absorver tudo o que quer; sente, por todos os lados, faltar-lhe alguma coisa, pelo fato de sua mãe ter-lhe faltado.

Descendo, carrega o prato vazio e meus óculos e, nos meus braços, diz-me "lá em cima, mais, lá-longe, lá em cima, mais...".

Em 21 de março, refaz este jogo de partilhar o alimento, bombons, entre nós, como se esta partilha fosse de natureza a autorizá-la a retirar de mim o objeto buscado. Novamente, ele toma a forma metafórica de meus óculos, que coloca atravessados sobre seu peito. A metáfora é assegurada quando ela emprega os significantes "óculos, Rosine", fazendo cair, ao mesmo tempo, o objeto de sua busca e o objeto pelo qual o substituiu, fazendo-o passar para o nível de um significante, ainda que efetuando uma última tentativa: utilizar uma haste destes óculos para comer tapioca. No final, coloca-os numa caixa e não mais se ocupa deles.

Coloca em minha boca um segundo bombom e diz-me "colher", olhando-me. Digo-lhe que me deu de comer e que me pede, em troca, para alimentá-la, querendo e não querendo ao mesmo tempo, por saber agora que quer encontrar no alimento que dou outra coisa, impossível.

Conduz-me, em seguida, ao consultório médico, com um objetivo na cabeça: encontrar um objeto noutro lugar. Pega uma tigela contendo uma caixa vazia, diz "pronto!" e retorna à sala de sessões. Coloca a tigela sobre a mesa, sobe no meu colo e come, dando-me, de tempos em tempos, uma colherada.

Mas, parece-me que ela pensa em outra coisa. Termina por dizer-me "leite..., bico". Faz-me verter leite numa xicrinha; bebe um pouco dele, depois repete "bico". Passo-lhe a mamadeira que abraça ternamente e, fazendo-me segurá-la, ela retira e recoloca sozinha o bico. Diz um "pronto!" radiante, depois diverte-se em apalpá-lo e apertá-lo com gozo, dizendo-me, amiúde, "olha". Mostra-me o buraco do bico dizendo "olha leite". Na verdade, é o seio que ela manipula assim, na fantasia, e esta manipulação simbólica parece trazer-lhe uma verdadeira compensação. Falo para ela neste sentido. Ela, porém, está desapontada e retorna ao consultório do médico para olhar, mais de perto, a casa de bonecas. Ao descobrir a possibilidade de abrir a porta — sabemos da importância que dá a isso para expressar sua posse de mim e exclusão de Robert — faz-me levar a casinha para a sala e tranca ali meus óculos. Acocora-se para inspecioná-la, convidando-me a fazer o mesmo.

Ao sair, torna a fechar a porta da sala dizendo um "lá" possessivo. No térreo, minha partida é difícil.

CAPÍTULO X

As reminiscências: o significante "quente" (*chaud*) da dor dos cuidados ORL e genitais. O retorno do S_1. O ciúme para com Robert

Em 22 de março, sobe para a sessão, com os braços em volta de meu pescoço, dizendo-me "lá em cima", sempre olhando o teto.

Coloco-a no chão, diante da sala aberta, mas quer ficar no meu colo.

Durante a primeira parte da sessão, Marisa identifica-se intensamente com a boneca, primeiro, pelo olhar: faz-me alimentá-la com a colher, depois com a mamadeira, escandindo a cena com os significantes "bebê", "colher", "cama", "dodô". Está, igualmente, no lugar deste bonequinho colocado na cama, enquanto ela mesma instalou-se em meu colo abrindo a boca, como se fosse ela a ser alimentada, portanto, no lugar do bebê, e também no meu lugar ao pedir-me o bebê para ninar, ou quando coloca dois passarinhos de madeira de cada lado do peito, como seios, dando-os para mim agressivamente, parecendo dizer "não tenho isso, você os tem e você não os dá para mim".

Ali, o prejuízo devido ao que eu não lhe dou reenvia às dores dos cuidados médicos sofridos por ela. Estica o dedo para a lâmpada dizendo "quente, quente", com ar de sofrimento, antes de tocar sua fralda entre suas pernas. Falo que ela sofreu; ela escuta e diz "dodói".

Sorri novamente e vai buscar o coelho. Sobe no meu colo com ele, aperta-o para fazê-lo gritar, depois coloca as orelhas do coelho em minha boca, antes de jogá-lo e fazer-me pegá-lo. Retoma este jogo cinco ou seis vezes. As duas primeiras vezes, depois de haver pego o coelho, eu o devolvo beijando-o; então, ela o joga. As vezes seguintes, ela mesma vai buscá-lo e, nos meus braços, emocionada e feliz, devo beijá-la, antes que jogue o coelho longe, até que eu interpreto: toda esta cena do coelho evoca a intrusão de Robert em seu tratamento e seu desejo de ter-me apenas para ela, não mais ocupando-me de Robert. Noto na ocasião que acredita que eu me ligo a ela para que possa dar-me a Robert.

Após esta interpretação, ela busca a casa de bonecas no consultório do médico, coloca dentro dela meus óculos e torna a fechar a porta dizendo "ali, fechar porta, ali". Coloca a casa no meu colo e, por sua vez, sobe nele. Tira uma cama da casinha para que nela reste só uma, e meus óculos. Faz-me instalar sua poltrona diante da casinha pondo seus pés dentro dela. Fica feliz por eu dizer de sua vontade evidente: estar sozinha comigo numa casa.

Diz-me "cacá" olhando-me alegre. Respondo-lhe: "você está feliz, Rosine está aqui só com você, você tem a casa e pensa em cacá". Ela retoma "não penico... quente", tocando sua fralda entre suas pernas. Repito-lhe associando "quente" e queimadura castradora, a relação entre Robert e o início do cacá, na sessão de 19 de dezembro. Pede-me o penico, coloca-o sobre a mesa ao lado segurando alegremente, sempre com os pés na casa. Interpreto-lhe que, ali, em segurança como está, ela poderá dar: quando recebemos, podemos dar.

Para descer, quer meu relógio e meu anel. Chora quando a coloco no refeitório e conduz-me ao WC para pegar duas vassouras, com as quais queria voltar para a sessão.

Em 15 de março, pede-me logo a lâmpada, senta-se no meu colo e devo segurar a lâmpada. Diz-me "quente" e eu repito a explicação.

Pega a colher, estende-a para sua fralda dizendo "colher", sempre olhando a lâmpada e acrescentando "quente". Deve colocar a lâmpada um pouco mais distante: ela lhe dá medo.

A colher vai ser o objeto substituto para exprimir suas dores sofridas, tanto do lado genital, quanto dos ouvidos. Ao dizer os significantes "colher" e "doce" com entonação de sofrimento, ela os reduplica, com um outro, desta vez enigmático: "tau-tau".

Visivelmente, o que interessa Marisa não é o objeto de sua demanda, a colher ou o doce, e sim um mais além desta demanda, que é propriamente o significante. E como que para marcar que se trata do significante, ela vai além do significante comum da demanda ao Outro através deste "tau-tau" enigmático — dito com a mesma entonação que "colher", sob a forma de seu "cho-cho" de 19 de dezembro. Reconhecemos este termo como um S_1 na espera do S_2 "cacá", produzido por mim. Aqui, porém, Marisa descreve o movimento inverso: do S_2 do Outro ao seu S_1 "tau-tau" cuja colaboração do gozo conviria igualmente ao objeto de sua busca.

É para um representante deste objeto que ela dirige seu interesse em seguida quando, desconfiada de meus sapatos, faz-me tirá-los para mostrar-me meus pés. Será uma demanda? Não sei. Digo-lhe porém, que tenho meus pés nos sapatos como ela também tem os dela.

Sempre em movimento, Marisa volta para a água da bacia, dizendo "eau-eau" ("água-água"), em eco de "tau-tau".

Segue-se então uma cena onde quer dar de comer com a colher ao boneco. Mas leva a colher à orelha deste. Que ligação faz ela, devido possivelmente a alguma reminiscência, entre o alimento e os cuidados dolorosos que recebeu em seu ouvido? O alimento, em todo caso, poderia estar mais ligado à mamadeira do que à colher, pois, em seguida, Marisa, retirando o bico da mamadeira, inunda agressivamente de leite o rosto do bebê, encontrando-se, ela mesma, inundada. Quer que eu a enxugue com meu lenço, enxugando ela própria a poça de leite no chão.

O fato da separação ser difícil e dela chorar quando vou-me embora está muito provavelmente relacionado com suas reminiscências dolorosas e com o fracasso de sua procura.

A sessão de 26 de março, termina também com choro. Quando descemos, Robert me agride por ter feito mal a Marisa, e a ele também, o que não o impedirá em 28 de março de querer que ela não vá à sessão. De fato, quando vou buscar Marisa, escuto-o gritar "Marisa" e jogar-se contra a porta para impedi-la de sair. A atendente tem bastante dificuldade em conseguir que ele a deixe partir, quando ela começa a chorar. Ela pára de chorar ao ver-me e, para meu espanto, vejo que ela está com meu casaco, que tive de colocar em Robert no final da sessão.

Durante esta sessão, seu significante "quente" toma sentido pela intermediação da lâmpada e expressará tudo o que lhe fez mal — daí a sua nova transcrição que utilizo. Ao mostrar a lâmpada, ela diz "lâmpada, luz, quente" e acrescenta "cacá" à serie. Diz novamente "quente", após ter-me feito comer a ponta de um biscoito que esfrega por muito tempo perto de sua orelha, como se toda satisfação oral à qual ela tem o hábito de fazer-me participar, como seu semelhante, fosse intimamente ligada ao sofrimento que padeceu.

Isto a conduz para uma situação em espelho comigo, que introduz pelo significante "cacá", pronunciado de um jeito eufórico, sempre fazendo-me sentar no chão e pedindo que retire sua fralda. Assim, estamos ambas submetidas a uma perda possível. Vai, então, ao WC e nos adorna de forma bizarra com um ganho sob a forma de duas vassouras, uma pequena e uma grande. O ganho porém, não é o único em causa, pois, voltando para a sala, serve-se de sua vassoura como de um instrumento de agressão contra o boneco, indo até a querer enfiar-lhe a vassoura na boca. Evidentemente, ela não consegue e arranca alguns fios de crina da vassoura dizendo "quente", significante da dor, aqui ligado não à uma reminiscência, mas sim a uma dimensão da castração. Esta, retorna no final da sessão, quando, voltando ao WC, quer que lhe dê a torneira; depois lava sua mão dizendo, desta vez, "dodói-mão".

Termina a sessão dando-me adeus com a mão do alto da escada, onde ficou: separa-se de mim desta feita ativamente e, em vez de chorar, sorri e estende-me os braços.

Em 29 de março, como na véspera, veste meu casaco. Noto a ausência de estrabismo, exceto talvez uma ligeira dissimetria que durará quase toda a sessão.

Antes de entrar na sala, pega a vassourinha do WC e a coloca perto da cama. No meu colo, fez-me comer com a colher, o que é certamente agressivo, dado o fato da significação atual da colher; aliás, é com minha mão que quer que eu lhe dê comida, para, a seguir, fazer o mesmo comigo. Esvazia, assim, o prato todo.

Olha o boneco no berço, dizendo "dodô", e o traz para mim para que eu o deite novamente repetindo "dodô", exprimindo desse modo seu desejo de que me ocupe inteiramente com ela. Digo-lhe isso e ela acrescenta "cacá penico". Sai para buscar o penico no WC onde devo pôr água e vai colocá-lo numa reentrância entre duas prateleiras no *hall*. De lá, diz-me "cuco, cacá". Depois, dá-me o penico para que eu o coloque perto da caixa de areia. Faço-lhe observar que me havia dito "penico, cacá" mas que fez-me colocar ali água da torneira.

Ela volta ao WC, quer que puxe a descarga e diz "cacá", assustada. Digo-lhe de seu medo de ir embora com o cacá quando ele se vai.

Vai buscar no consultório médico uma bonequinha que me dá, volta a acocorar-se perto da nova pia do WC sob a mesa, pois ainda não foi instalada. Faz-me puxar a pia para si, enfia sua mão dentro dela e, olhando-me diz "quente, cacá", além de uma frase que não compreendo. Retira meu anel, deixa-o cair no interior da pia e tenta pegá-lo. Faz-me repeti-lo duas vezes, depois ela o faz sozinha. Digo-lhe que "quente" representa para ela tudo o que lhe doeu, que ela acha que perde alguma coisa de vital com o cacá nos banheiros, que é terrível achar que lhe tiramos alguma coisa porque, em outro momento, tiraram-lhe sua mãe e o alimento de que necessitava. Com o anel, ela se assegura de reencontrar o que perdeu e não perder mais nada, pois eu estou ali.

Ela sobe no meu colo, deita a boneca em meu braço esquerdo, deita-se sobre meu outro braço e eu devo ninar uma e outra. Começa a cantarolar. Eu canto "dorme, meu irmãozinho", e ela canta a canção toda, colocando as palavras. Seu olhar está no meu sem o menor estrabismo.

Toda esta sessão fala do objeto que me demanda, toma de mim, teme perder e reencontra; explora uma multidão de facetas de sua relação com o objeto e com sua perda, não sem que a presença-ausência situe seu debate no simbólico. Entre mim e ela o objeto pode igualmente, através desta simbolização, representar um papel na identificação, seja dela para comigo quando vem para sessão vestindo meu pulôver, seja dela com o objeto quando vai colocar o penico entre duas prateleiras dizendo "cucu-cacá", ali onde havia se escondido para brincar de cuco.

No final da sessão, retorna sua reivindicação fálica. Ela volta ao WC, tenta segurar o filete de água sob a torneira, suplicante. Deixa escorrer água na palma de sua mão, faz-me enxugá-la dizendo "dodói, mão, quente", depois, tenta de novo pegar o filete de água. Falo-lhe da "torneira" de Robert, da queimadura castradora. Retorna à sala, hesita em subir na cama e volta para meus braços dizendo-me "não Robert", sempre olhando a poça d'água no assoalho.

Em 2 de abril ocorre uma sessão onde Marisa exprime o quanto tem raiva de mim por eu atender Robert sempre antes dela.

Ao subir, sua alegria intensa e retida choca-me ainda uma vez. Na sala, faz-me admirar seu novo avental, diferente. Conduz-me ao consultório médico para pegar uma boneca, mostra-me a boca e, logo que voltamos à sala, ela a coloca agressivamente no meu colo. Dá a esta boneca um bombom e um biscoito, guardando para si um bombom e um biscoito, partilha igual entre ela e Robert, mas não com o maior prazer. Parece encantada por explicar-lhe esta cena com relação à Robert e pega a boneca para colocar no berço, mas, como que por acaso, deixa-a cair no chão.

Conduz-me ao consultório médico e fecha a porta, para exprimir ser esta a sala de sessões que deseja e não aquela onde vai Robert. Depois, quer diferentes objetos os quais não lhe posso dar.

Retorna à nossa sala para pegar a boneca e mostrar-me sua boca, dizendo "boca... cha-cha", depois conduz-me ao refeitório onde, sobre o radiador, dorme um gato negro. Quer que o pegue, depois exprime seu medo: " '*chat*' (gato), [l]obo, '*chat*' (gato)", transposição de seu "*chaud*" (quente), representante do que lhe causa dor, sob a forma de Robert. Diz-me assim que a divisão com Robert a incomoda, tanto mais que ele é um menino e achando que eu lhe dei um pedaço de mim, o qual não dei a ela. A boca da boneca especifica que beber no seio deu a Robert uma torneira (*robinet*). Eu explico-lhe e a deixo sorridente.

Em 3 de abril, não apenas Robert causou dificuldades para deixá-la vir comigo, como ela teve que esperar muito tempo por sua sessão. Entretanto, sua acolhida é terna.

Vai imediatamente ao consultório médico que encontra ocupado e fica muito desapontada: só pode ter a mesma sala que Robert. Por duas vezes, retorna para ver se o consultório ainda está ocupado.

Num certo momento, chega mesmo a iniciar, passando diante da escada, o gesto de descida, mas desvia e corre para a sala de sessões dizendo "não" e olhando sucessivamente um livro e a boneca, come bombons e biscoitos.

A seguir, quer descer e ir lá fora, mas o freio torna isso impossível, ela fica muito descontente.

Conduz-me ao lugar onde se esvaziam os penicos, faz-me encher um com água da torneira e aperta-o junto a seu coração, olhando-me agressivamente. Volta ao jardim de infância com seu penico cheio d'água, tal como Robert volta sempre da sessão com uma garrafa d'água.

Um pouco mais tarde, escuta minha voz quando reconduzo Nádia para seu quarto. Vem e estende-me os braços, depois olha Nádia. Eu as apresento. Nádia está reticente, mas Marisa estende-lhe a mão, muito sorridente. Conduz-me em seguida a seu quarto, para que eu retire seu avental e seu vestido. Pede-me o penico para levá-lo ao quarto de Nádia, onde o coloca aos pés de sua cama. Faz-me retirar sua fralda, mas Robert chega e Marisa pega seu penico e corre atrás dele. No final, eu beijo todos três.

Temos aí, na verdade, um duplo movimento de ciúme, não como uma rivalidade vital que rejeitaria completamente o semelhante, mas como uma identificação onde Marisa mostra que, pelo significante, o gozo (*la jouissance*) está implicado — o "gozo do ciúme" ("*la jalouissance*"). O *Penisneid* de Marisa conduz a estes traços histéricos de identificação com Robert, com relação ao que sou suposta dar a ele.

A reivindicação de Marisa, não concerne apenas à diferença dos sexos, ou seja, o ter. Por exemplo, a 5 de abril, Robert levou a boneca que comumente está lá. Há uma outra que Marisa põe no meu colo e joga longe para tomar seu lugar, com ar triunfante. Não é mais o ter, mas o ser, isto é, o ódio que visa toda criança ou o seu representante que seria objeto de meu desejo. Recusa-se, neste dia, a responder à minha suposta demanda pois, tendo dito "cacá", ao voltar da sessão, pega um penico e retorna ao jardim de infância, provando-me assim não querer dar-me este presente.

Um pouco mais tarde, vem para meu colo diante de Robert, outro modo de afirmar sua preponderância, sob o olhar do semelhante.

Este olhar, aliás, está em primeiro plano, pois quando, a 8 de abril, eu a levo para a sessão antes de Robert, ela está "medusada" por não ver a grande poça d'água habitual, chegando a dizer, depois de longo silêncio, "Não Robert". Não é uma reivindicação de sua parte mas, na verdade, uma falta: a ausência do signo do semelhante a priva do mesmo modo que sua presença.

Em 9 de abril é então reenviada à privação em seu corpo, associada às dores dos cuidados que sofreu, quando, exigindo a lâmpada, ela discorre a série de seus significantes "quente" (*chaud*), "luz", "dodói", "mão", enquanto toca sua fralda. O laço entre o quente, queimadura e a perda suposta do pênis, ela o manifesta fazendo-me acender a luz do WC, antes de olhar nos óculos, depois, como se recuperasse o que pudesse estar perdido neste lugar, põe a vassourinha no penico que encheu d'água e faz-me colocá-los nas bordas da lucarna do WC, rindo. Seu contentamento toma todo sentido quando, de volta, faz-se desnudar completamente ali onde se esvaziam os penicos, para se mostrar. Mostrar o quê? Devo colocar-lhe, para que não se resfrie, um macacão; ela escolhe o maior: o de Robert.

Em 11 de abril, como Robert levou o bonequinho da sala, ela pega, com ar chateado e com jeito voluntariamente desajeitado, um outro menor que ela conhece. Coloca-o em meu colo e aguarda o que vou fazer. Eu não toco nele. Digo-lhe que viu Robert com o bebê, pensa que eu o dei a ele e que o fato de ter visto o bebê nos braços de Robert tornava-o mais precioso, como o que eu teria dado ao menino e não a ela.

Faz-me despir o bebê, toca-lhe a orelha, dizendo "quente, dodói, orelha". Interpreto que ela pensa que gosto de Robert e não dela, o que faz doer sua própria orelha, a qual toca neste momento.

No andar de baixo, faz-me sentar e novamente inspeciona o corpo do bonequinho. Toca-o entre as pernas dizendo "quente, fralda". Depois, torna a vesti-lo sem querer minha ajuda.

Conduz-me ao jardim de infância para mostrar, principalmente a Robert, que ela também tem um bebê.

Serei informada que na hora do jantar, como Robert abandonou seu bebê, Marisa também abandona o seu.

Em 15 de abril, quando conduzo Marisa, Robert grita "Marisa" suplicante e frenético, enquanto ainda segura o boneco que havia levado, e Marisa diz "não Robert".

Evita olhar no berço, desembrulha os bombons e vai contemplar a cama antes de sair para ir ficar sozinha no consultório médico. Não pega nada lá e volta imediatamente.

Na sala, olha algumas figuras do livro, hesita em colocá-lo na bacia, depois vai brincar com a areia, dando-me as costas. Senta-se em minha cadeira, pede-me o boneco, faz-me despi-lo em parte, e o nina longamente enquanto canta "irmãozinho...". Depois, toca a orelha do bebê dizendo "dodói" e coloca-lhe a colher alternativamente na orelha e na boca. Então, estende-o para mim, suplicante, como se quisesse que eu cuidasse da orelha dele, o que faço com meu lenço.

Em seguida, faz o bebê vivenciar cenas de sua vida cotidiana, falando muito: "não dodô", dando-lhe uma palmada, "não comer, sujo", brigando com ele, "cacá, fralda, dodói". Depois, levanta-o como ao acordar, com um "bom-dia" radiante.

Ao descer, vai mostrar seu bebê a Robert e, um pouco mais tarde, constato que houve troca de roupas entre os dois bonecos, o que diz muito sobre a equivalência dos bebês.

Em 17 de abril, a sessão dura aproximadamente quarenta e cinco minutos, sessão muito ativa durante a qual Marisa não tem o menor estrabismo.

Como não pude preparar a sala, tiro seus objetos do armário embutido diante dela, que verifica se peguei todos, querendo até fazê-lo uma segunda vez, como se faltasse alguma coisa que dou a Robert e não a ela. Ante a minha recusa desta nova verificação, ela não me pede a lâmpada, mas se estica em direção à lucarna dizendo "lá em cima", quer dizer, à luz do dia, o impossível. Transvasa então o leite, acrescenta água antes de bebê-lo com satisfação, escandindo o que faz com significantes.

Recomeça dizendo "dodói", algodão, orelha, cuida", a cena dos cuidados com a orelha da sessão precedente. Não é mais no bebê e sim no coelho que o faz, cuja característica de orifício das orelhas cede à sua forma de apêndice; ela marca bem a diferença, fazendo-me colocar-lhe um pouco de algodão em cada orelha e querendo que eu faça o mesmo comigo: efetivamente sofremos do mesmo mal quanto a esta falta de um pedaço de corpo que representam as orelhas do coelho, mas ela o exprime sem nenhuma angústia. Aliás, na volta, uma enfermeira me assinala o quanto Marisa é divertida e sua saúde florescente.

Em 18 de abril a sessão é toda centrada nos cuidados com as orelhas que, paradoxalmente, tornam-se fonte de prazer — a enfermeira me diz que Marisa exige cuidados, embora seus ouvidos estejam bem. Estaria ela exigindo as orelhas do coelho?

Em 19 de abril transcorre uma sessão de elaboração, de comunicação e trocas.

Faz-me sentar junto dela no patamar e come suas balas. Estende um braço para uma lucarna e pede-me com tom suplicante: "luz". Respondo-lhe que, através da janela, vemos a luz do sol, que não é a mesma coisa que a luz da lâmpada. O sol se levanta e se põe; quando ele se põe, Marisa se deita para dormir e quando o sol se levanta Marisa levanta-se também e vai ver Rosine.

Ela repete as palavras que digo e, no final, diz-me "dá luz". Respondo-lhe que não a posso dar e que quando lhe levaram sua mamãe ela sentiu como se lhe tirassem a luz. Não posso dar-lhe tudo, pois não sou sua mamãe e não posso substituí-la, mas a luz ao voltar todos os dias traz-me junto a ela para a sessão.

Diz-me, então, "dá relógio" e faz com que o coloque em seu braço, olhando-o maravilhada. Depois, estende-me a outra mão, com a palma para cima, dizendo "dodói", mostra-me um pequeno arranhão que cuido com um floco de algodão. Digo-lhe então, ao cuidar de seu machucado, que deseja que eu cuide dela para não ter mais dodói, e quis colocar meu relógio como se este pedaço de mim pudesse restituir-lhe o que seu sentimento por ter dodói lhe fazia pensar, isto é, o que haviam tirado dela. Nesse momento, apodera-se do algodão para esfregar a outra mão, depois a minha com uma expressão de alegria. Visivelmente, dá-me um dom em retorno do meu.

Vamos para a sala de sessões e ela se senta no meu colo, depois de ter pego um pouco do algodão. Abre, então, minha veste e minha camisa o mais largamente possível, passa sua mão com suavidade sobre a pele que consegue alcançar, depois sobre minha combinação recobrindo os seios.

Com o chumaço de algodão, acaricia por longo tempo toda a superfície de minha pele descoberta, especialmente a báse do pescoço, terminando nas duas mãos. Fez tudo isso sem tensão, feliz. Digo-lhe, no momento exato, que quando foi separada de sua mãe ela ainda mamava em seu peito preenchendo-se, deste modo, com muita luz.

De pé, encostada em mim, pega meus óculos, recoloca-os, toca sua cabeça dizendo "dodói", retira de novo meus óculos e, tocando meus dois olhos, torna a dizer "dodói". Depois, devolve meus óculos e novamente toca meus olhos. Pega um cotonete, aproxima-o de meu olho apoiando para que entre dentro dele, a seguir, recoloca-me os óculos. Verbalizo e acrescento: ontem, ela dissera que o bebê estava com dor nos olhos e nas orelhas, tal com ela tivera dodói em todo corpo por não ver mais sua mãe, e dodói nos olhos para não ver o que lhe causava dor, ou seja, ela não tinha mais sua mamãe. Foi quando ficou estrábica e isso também lhe deu dodói, pois foi obrigada a olhar no fundo de seu olho com uma luzinha, e ela deve ter tido medo.

Entrega-me a haste do cotonete para que eu a envolva completamente com o algodão; digo-lhe que assim não causará mais dodói; ela responde "cacá-penico". Sai para o patamar, diz novamente "penico", eu o trago para ela. Imediatamente diz "não", e descemos.

Embaixo, quer um penico que enche com água da torneira, esvazia, reclama a água entornada. Enche novamente o penico levando-o para o jardim de infância. Ao passar por um gato, diz "lobo", o que interpreto com relação a Robert.

À noite, eu a encontro. Vem para meu colo muito terna e feliz, acaricia meu rosto , coloca o seu contra o meu e faz-se beijar. Ela goza da felicidade de receber. Recebe e dá, gozando disso pela primeira vez, intensamente.

Em 22 de abril dirige-se mais diretamente a meu corpo: afasta minha veste e camisa, toca minha pele dizendo "lolô" mas, sobretudo, declina em seguida no coelho os lugares de sua dor relativos à perda de sua mãe: olhos, boca, orelhas. Especifica inclusive ao tocar a boca do coelho com a colher, dizendo "dodói colher", a que não havia dito até agora: que a colher, tendo prematuramente substituído o seio, havia causado sofrimento.

Prossegue na expressão de sua dor, quebrando os biscoitos no copo de metal para comê-los, como se os bebesse, arriscando a fazer-me beber nada, quando o copo está vazio.

É resumindo seu sofrimento que, voltada para a janela, ela toma emprestado de Robert seu "lobo" como se, junto a mim, ela se identificasse ao sofrimento de seu outro, Robert. Porém, ela aí acrescenta a noção de um outro lugar, de um "lá longe" onde gostaria de ir. "Partir lá longe"... reencontrar sua mãe?

Em 25 de abril, ela esperou muito tempo por sua sessão, eu a encontro em lágrimas. Inicialmente, está silenciosa, em sinal de protesto. Come as balas, diz "doce" e reencontra a palavra. Ela come, mas sobretudo faz-me comer, enfiando as balas em minha boca, agressivamente.

Diz "cacá... fralda tirar". Eu o faço, depois ela encosta em meus óculos uma espécie de pórtico, com duas hastes, de um jogo de construção, dizendo-me "bobo" ("dodói"). Retira meus óculos para encostar este pórtico diretamente nos meus olhos, dizendo "cuiers" ("cuiers, dodói"). Digo-lhe que não compreendo. Ela reencontra o sorriso, põe meus óculos, depois os devolve antes de subir ao meu colo.

Ali, estende sua perna e, tocando seu joelho diz "dodói", depois vai buscar o bebê que está com "dodói" na boca.

Coloco todos estes "dodóis" relacionados com o medo de abandono. Vai, então, deitar o bebê na caixa de areia, dizendo "dodô, dodô". Volta, em seguida, para meu colo, diz-me duas vezes "cacá' e "espera". Digo-lhe que o penico está ali, ao que responde "não penico".

Toca seus olhos dizendo "dodói", levanta o vestido até o queixo e diz novamente o significante enigmático "cuiers, cuiers", num tom suplicante e doloroso. Como lhe digo outra vez que não compreendo essa palavra "cuiers", ela toca um sinal em meu rosto dizendo "dodói", e novamente "cuiers", levantando seu vestido.

Marisa mais uma vez recorre, durante esta sessão, a um significante enigmático que faz S_1, significante unário; porém, contrariamente à sessão de 19 de dezembro — onde meu significante "cacá" fez significar seu significante "cho-cho-cho" — não é meu significante que faz significar seu "cuiers", pois este não é unívoco e sim relacionado, por um lado, com os lugares de sua dor em seu corpo, o que mostrou com o coelho — os olhos, a boca, as orelhas — e, por outro, com a perda de sua mãe, o que disse no final da sessão de 22 de abril. Este significante exprime também uma dor que me atinge, especialmente nos olhos, por identificação ou associa-o igualmente a um "dodói" ao tocar um sinal em meu rosto. Enfim, a univocidade de seu S_1 está manifestamente ligada ao seu *Penisneid*, pois ela o diz, levantando seu vestido até o queixo, para mostrar-me a cicatriz de uma perda; dor e perda, portanto, afetam-nos, a ela e a mim. Seu S_1 é testemunha disso, não somente pelo S_2, mas no nível do imaginário do corpo. É verdade que o Outro é também o corpo e não apenas o lugar dos significantes.

Em 26 de abril vejo Marisa antes de Robert. Não fica estrábica durante toda a sessão e desenvolve uma simetria entre nós. Diz "dodô" para o bebê no berço, depois conduz-me ao patamar para comer suas balas, fazendo-me ficar ao seu lado e apoiando sua cabeça em mim.

Olhando a lucarna diz "luz", repito-lhe o que havia dito a 19 de abril.

Tendo voltado à sala, no meu colo, enxuga meu rosto longo tempo, com o algodão, emocionada. Depois, acaricia meu rosto com o algodão, também por algum tempo, até desvencilhar-se dele.

Pega o cotonete para dizer-me, olhando-me, encantada: "não dodói orelha", o que é verdade. Senta muito contente em minha cadeira e diz-me: "olha aqui... cacá... retira fralda". Eu o faço e ela está extremamente satisfeita, embora não haja nada em sua fralda.

Dando-me um doce, diz "come". Ela come também. Quando terminamos, diz "é bom". Depois, mostrando seus sapatos diz: "sapatos, tira" e, com os pés descalços, diverte-se mexendo os dedos do pé, em todas as direções, olhando-me e rindo.

Serei informada, um pouco mais tarde, que ela come muito bem e com asseio.

CAPÍTULO XI

Gozo do semblante: o termômetro

Em 28 de abril, pego Marisa antes de Robert. Estende-me sua mão manchada de tinta verde dizendo "cacá", e é preciso que eu a lave na água da bacia.

Diz-me "pipi", faz retirar sua fralda e aguarda. Não quer o penico. Enquanto tergiversa, ouve Robert que a chama no andar de baixo, por saber muito bem que ela está em sessão. Diz-me: "Robert... não, não Robert" e vem fazer pipi, no chão, de pé, o mais perto possível de mim, modo de dizer que está com raiva de mim por causa de Robert. Mas, sua ambivalência faz com que me dê sua fralda para enxugar, o que ela mesma faz, a seguir. Sua recusa de Robert não a impede de presentificá-lo pelo cacá e pipi. "Cacá" é, de fato, um significante do Outro, mas também o que Robert uiva a cada passo.

Retoma meu lenço, que deixara na bacia, para colocá-lo tal e qual, todo ensopado, sobre o bonequinho. Depois, vai deitar o boneco na bacia, respingando-o copiosamente. Este é o tratamento que inflige ao meu "bebê" Robert". Vem, a seguir, bater na água da bacia para esguichá-la por todo lado, depois acrescenta areia nas poças, dizendo "cacá". Quando lhe digo que faz isto para que Robert encontre a sala no estado em que ela a encontra quando lá chegamos depois dele, ela dá gargalhadas.

Mas, não resta dúvida, ela assim faz com que eu me submeta à mesma coisa que Robert. Retoma meu lenço, mergulha-o na bacia para lavar a parede à minha volta, atrás de mim, chegando até a fazer-me levantar para lavar minha cadeira, tudo muito agressivamente, relacionado ao apelo inicial de Robert que se impôs a ela, como uma voz que só pôde recusar — tendo que recusar-me, ao mesmo tempo.

Recusa-se igualmente a descer, pois sabe que vou buscar Robert. Diz-me: "descer, não quer... Robert, não quer". Chora nos meus braços quando a levo para baixo.

No jardim de infância, após a sessão de Robert, vem sentar-se no meu colo, olhando bem para Robert, em desafio, retomando a posse de mim. Ela o faz sob seu olhar, como para enfrentar o apelo que ele lhe lançou, do térreo, no início da sessão.

Em 30 de abril eu a vejo, ainda, antes de Robert que, desta vez, não a chama, deixando-a disponível. Pede-me, primeiro, para retirar sua fralda — "cacá, tira fralda" — quer que leve sua fralda para a sala sem que, ela mesma, entre nela, como se, ao mesmo tempo, este objeto a representasse e estivesse separado dela. Marca, ainda, esta separação de um objeto do corpo, fazendo tirar-lhe os sapatos e as meias. Será para fazer como Robert? Em todo caso, não permanece no prazer que pode aí encontrar; passa ao significante através das ordens que me dá a propósito da lâmpada, rindo alegre dizendo "luz", e afirmando sua presença num lugar outro, diferente da sala, quer dizer, indo para o consultório médico; encontra-o ocupado e volta dizendo "quente", ou seja, ela reencontra o S_1 de 19 de dezembro, após este fracasso. Retoma, então, a frustração fálica levantando seu vestido, dizendo "*chaud*" (quente)... "cuiers", onde "cuiers", outro significante unário, aparece de modo holofrásico.

Se entra na sala, é para dar-me um doce, pegar outro e dizer-me "come". Depois, voltando ao patamar da escada, dá-me ordens visando um certo gozo de meu corpo: "senta lá... dá tua mão", brinca, não sem malícia, liberdade e ternura, escrevi no final da sessão, invertendo os papéis, sendo ela quem acena para mim que estou no patamar, dizendo "até amanhã", antes de entrar na sala e fechar a porta. Entreabre a porta, desliza um olho dizendo "cuco", enfim, torna a sair dizendo-me "bom-dia", acrescentando também "luz, Rosine, bom-dia". Este domínio é totalmente o inverso de minha despossessão sofrida por ela, no início da sessão precedente, pelo chamado de Robert.

Conduz-me à sala fechando a porta atrás de nós, diz "cacá" dando-me um pouco de areia aglutinada, ou seja, um semblante. Bebe água numa xícara, faz-me beber e ao boneco, dizendo, a cada momento, o significante "cacá", religando pela primeira vez, de forma igualmente clara, o cacá e a água, significação que vai acentuar no período que se segue.

Em 2 de março, retoma o jogo do adeus, "até amanhã", da sessão precedente mas, desta feita, ela o endereça ao jardim de infância, cuja porta ela fechou, e diz "bom-dia", vindo abrigar-se em meus braços.

Sobre o patamar, segue-se uma cena de nominação de animais, num livro de figuras. Entra na sala, salta no meu colo e mostra-se insaciável de balas e doces. Devo limitá-la e ela retoma seu significante "cacá", da véspera, para dizê-lo, desta vez em relação a tudo o que se come: doce, mingau, inversão oral-anal daquilo que sai e do que entra. Interpreto a dor do seu cacá, tirado dela tal como lhe foi tirada sua mãe, e seu desejo de comer o máximo possível, em lugar do dom anal. Ela entende bem o que digo, pois, retomando o livro de figuras, busca a figura do gato que mostra dizendo-me "o lobo", isto é, o significante pelo qual Robert designa a dor, enquanto o dela é "quente" (*chaud*). Neste momento, mostra a porta dizendo "quente". O fato de eu dizer que, através desta porta, Robert chega e lhe causa dor não elimina o sentido ligado a esta porta, da perda de sua mãe, isto é, não mais uma intrusão, mas uma separação.

Em 3 de maio, uma enfermeira pergunta como é seu nome e ela responde "Marisa". Ela sabe dizê-lo, mas ainda não o utiliza para falar de si na terceira pessoa.

Encontra na sessão um boneco que vesti como as crianças da instituição. Vem ao meu colo para uma longa cena onde despe e torna a vestir este bebê, bastante violenta. Marisa arranca mais do que tira as roupas, sempre recusando minha ajuda. Veste o bebê de um modo absurdo, no sentido contrário, sem lhe recolocar a fralda.

Tenta fechar o vestido do bebê com os alfinetes. Como não consegue, proponho minha ajuda: ela arranca o bebê do meu colo e enfia-lhe violentamente o alfinete nas costas. Como eu lhe evoco a ausência de sua mãe para vesti-la, ela me espeta a mão com força dizendo "dodói", pica o bebê entre as coxas, na altura da zona genital. Interpreto esta agressão em função de tudo o que sofreu de doloroso, no decorrer de inúmeros exames médicos, e de sua vida institucional.

Leva o bebê consigo, exprimindo assim retirar-se de mim, pois eu a deixo, o que lhe digo.

Em 6 de maio, começa por dizer "cacá", aninhando-se ternamente em mim, mas não se trata de modo algum do dom anal, aliás, ela se lança num longo jargão pontuado pelos significantes "luz", "cacá", "quente".

O que quer Marisa ao conduzir-me diante de um espelho sobre o patamar? Se sorri, inicialmente, ante nossas imagens, tocando a sua e a minha sucessivamente e beijando-as, nem por isso, desta vez, assume a virtualidade destas imagens e as separa de uma presença para a qual se voltaria. Quer, no entanto, aproximar-se o máximo do espelho, para tentar buscar esta presença atrás dele com sua mão. Certamente, seu sorriso testemunha a satisfação que experimenta diante da unidade de sua imagem e da minha, fazendo o Um, para ela e para mim.

Devemos destacar a diferença, por um lado, entre Marisa e Robert na frente do espelho, onde ele percebe a perda como um real, que deseja preencher com um traço de seu lápis-pênis e, por outro lado, entre Marisa e Marie Françoise que apreende a imagem como um objeto real que deseja pegar, sem referência a qualquer imagem de si mesma. O real, nestes dois casos, isola-se sem articular-se ao imaginário, como acontece com Marisa, cuja busca atrás do espelho, num segundo tempo, coloca uma perda ainda recusada por ela. Ela ilustra esta perda trazendo-me o bebê para dizer-me que ele tem dodói na boca, o que mostrou no nível de sua própria boca, no momento do encontro de nosso reflexo na vidraça, a 27 de fevereiro, exigindo em seguida não apenas a lâmpada, mas também o tubo que a fixava à parede.

Em 8 de março, quando chego, diz-me "Rosine lá em cima". Repetirá meu nome, cantando, sussurrando com grande prazer.

Diz depois: "adeus Arie [Anne-Marie]... cacá, Robert... até amanhã". Hoje, associa o nome Robert a "cacá".

Na medida em que eu deduzi de seu "cacá-quente" as sensações possíveis de queimadura ligadas ao termômetro — a tomada biquotidiana da temperatura no ambiente hospitalar — a 8 de maio, coloco no material de sessão um termômetro, não para alguma ab-reação, mas sim, tal como o resto do material, para permitir à criança um dizer. Marisa não falhará nisso.

Na sala, percebe o termômetro e apodera-se dele com alegria, pois o associa provavelmente ao pênis tão desejado que eu lhe daria e que acredita ter perdido analmente. Pensa que lhe restituo, enfim, o que sou suposta ter-lhe tomado.

Diz "cacá" e põe a boneca no meu colo. Tenta, primeiro, colocar o termômetro no bebê, através da fralda, depois pede-me para retirá-la, e faz como se lhe tirasse a temperatura.

Carregando o bebê e o termômetro, detém-se, pára um instante diante da caixa de areia dizendo "cacá, Robert", depois, dizendo "Rosine sentar", conduz-me até o patamar da escada.

Ternamente apoiada em mim, mantendo o termômetro no traseiro do bebê, volta a dizer "cacá, Robert, cacá", alegremente, como se tivesse reencontrado alguma coisa, o que visivelmente diz ter perdido. Põe o termômetro, de modo alternado, no ânus e na zona genital. Digo-lhe que, separada de sua mãe, ela não quer dar seu cacá, mas, obrigada a fazê-lo, pela natureza e pelas mulheres que cuidam dela, ela faz cacá como uma reação agressiva contra uma função cujo valor de presente deseja ignorar, daí a diarréia. Esta diarréia irrita a mucosa e torna o termômetro doloroso, e quando ele é retirado reaviva o desarraigamento de sua mãe. Lembro-lhe que Robert interveio entre nós no momento em que ela tentava dizer-me tudo isso; ela viu que ele tem uma torneirinha que ela não tem. Além do mais, ela não pode preencher-se com um alimento bom.

Toca então a boca do boneco dizendo "dodói, boca", expressão oral da castração pela segunda vez.

Diz, "descer Robert", para ir mostrar-lhe através do termômetro e do bebê o que Rosine lhe deu, ilusão que se percebe por seu ar de triunfo quando entra no jardim de infância. É evidente que isto acaba mal, pois a enfermeira deve retomar o termômetro, e eu a ouço explodir em soluços. Volto e sento-me ao lado dela para lhe falar por longo tempo, especialmente para religar sua inveja do pênis, tão viva a todas as frustrações que sofreu, ao seu ciúme de Robert. Ela toca seus cabelos, digo-lhe que está penteada como eu, que é uma menina como eu. Ela parece aquiescer.

Robert escutou calmamente o que eu disse à Marisa e não é impossível que isto que acabou de ouvir esteja na origem do que colocará em ato, alguns dias mais tarde, a 13 de maio, em sessão, e que escandirá com os significantes "mamãe", "Robert", "água".[1]

Ela agora está sorridente e, quando parto, um e outro dizem-me "até amanhã", calmamente.

Em 9 de maio, pega o termômetro e pede-me para baixar as mangas de seu avental, para que não fiquem arregaçadas como as minhas. Conduz-me para sentarmos no patamar.

Faz retirar sua fralda dizendo "cacá" e senta-se. Pode-se traduzir isto por: "eu recuso identificar-me a você, que é uma menina; por isso, fiz abaixar minhas mangas para não ser como você. Pego o termômetro, quero ser um menino, então lhe darei meu cacá de presente."

Encosta-se em mim e lembro-lhe o final da última sessão.

Faz retirar seus sapatos e meias, pede-me a boneca, que despe. Põe, então, o termômetro, ou no traseiro do bebê deitado de barriga para baixo dizendo "cacá", ou no lugar da torneira dos meninos, depois de desvirar o bebê, dizendo "Robert". Centro o que lhe digo na castração anal.

Depois, coloca o termômetro sobre o umbigo do bebê, com grande carga emocional e, de novo, em sua boca; enfim, serve-se dele para penteá-lo, dizendo "Robert". Faz, deste modo, o catálogo dos objetos ou dos lugares da perda: o cacá, o pênis, o umbigo, a boca.

Digo-lhe que toma meu lugar para fazer com Robert o que acha que lhe fiz, mas, ao tomar meu lugar, começa a aceitar ser uma menina, como eu. Acrescento que as mamães têm filhinhas e filhinhos; que as filhas são como as mamães e os filhos como o papai. Mas, se filhas e filhos são arrancados de sua mãe no momento em que tanto precisam alimentar-se dela, uns e outros têm a impressão de ter-lhes sido arrancado algo essencial, impressão que demonstram também quanto ao cacá como presente. Quando a menina constata no menino alguma coisa que ela não tem, ela acredita forçosamente que lhe tiraram algo. Marisa depõe a boneca e o termômetro sobre a prancheta.

Vai, então, exprimir seu ressentimento com violência. Puxa minha cabeça para trás, mantém-me assim, apoiando sobre minha boca. Explico-lhe o que a torna agressiva: belisca meu pescoço, tenta arrancar a pele, e retomando o termômetro, tenta fazer um furo em meu pescoço, como que para fazê-lo penetrar ali. Tem vontade de machucar-me, sem angústia, e de conduzir-se falicamente para comigo, a quem castra penteando-me com o termômetro.

Desce cantando. Nunca a havia visto tão feliz e terna. Será pelo fato de se ter mostrado fálica, ou de ter-me castrado ativamente, em vez de sê-lo passivamente pelo Outro? Devolve espontaneamente o termômetro à atendente. Não voltou a descer com a boneca. Não mais levarei o termômetro para a sessão.

NOTA

1. Rosine e Robert Lefort, *Les Structures de la psychose*, op. cit., p.350.

CAPÍTULO XII

A falta fálica do Outro: a transferência negativa sobre o Outro castrado

Em 10 de maio, ela chega, o cabelo todo eriçado, porque, diz-me ela ao subir para a sessão em meus braços, estava com um chapéu na cabeça.

Enfia uma bala e dois biscoitos no bolso de meu avental, bem no fundo, até ficarem entre minhas coxas, como para dar-me através deste objeto oral o pênis que não tenho, exatamente como acaba de renunciar ao termômetro.

Conduz-me sobre o patamar e diz "cacá", depois "chapéu". Parece sonhadora ao retornar comigo para a sala. Empurra-me para fora de minha cadeira, toca o assento e diz "cacá". Tenho a impressão de que esta palavra tem um sentido outro além do "cacá" do penico.

Ela vai especificá-lo, conduzindo-me ao WC. Em meus braços, diz "chapéu" olhando a caixa d'água acima do lavatório e, tocando sua cabeça, diz novamente "cacá" e abre a torneira para escorrer água sobre sua mão. De novo diz "chapéu", depois "cacá" e quer que lhe dê o penico, mas não quer dizer a palavra "penico"; para se fazer entender, mostra-me o do WC dizendo "dá". Porém, não é este que quer, é o da sala de sessões, e ela o diz: "não, lá longe, dá". Vou buscá-lo e, por um longo momento, ela enche o penico, esvazia-o no chão, do alto, perto de mim, dizendo "cacá". Ao descer, diz novamente "chapéu". Tenho muita dificuldade em fazê-la aceitar o final da sessão.

Ela gozou plenamente de esvaziar esse penico, olhando-me embevecida. Esta água só tinha a ver com o cacá pela significação possessiva anal.

Além disso, ela a entornava perto de mim, mas não sobre mim. A carga emocional era uma agressividade de possessão, mas diferente daquela de aspersão de pipi, dirigida contra o próprio corpo do outro. Pensei, então, numa equivalência com líquido amniótico e expulsão do nascimento. A palavra "cacá" dava o tom de possessão desejada deste líquido pré-natal. Quanto a "chapéu", sobre a caixa d'água, seria a expressão do chapéu amniótico e placentário do nascimento?

A sessão de 13 de maio, a seguir, foi dominada por uma cena de ternura em meus braços, onde permanece deitada durante dez minutos acariciando, de tempos em tempos, meu rosto, com ar feliz e chupando uma bala. Anteriormente, fez-me primeiro beijar um pato que trouxe, dizendo "pato". A simbólica do pato, enquanto ligado à água, ao líquido amniótico, pode relacionar-se, de algum modo, a um retorno às fontes, ou seja, à mãe primordial. Dai, a longa cena de ternura.

Marisa, em seguida, conduz-me diante do espelho onde, como Nádia na ocasião do segundo espelho, manifesta seu interesse pela imagem de nós duas, a sua e a minha juntas, ao contrário do espelho de 6 de maio, principalmente centrado sobre ela.

Em 14 de maio, Marisa chega seguida de Renée, chorando, e me diz: "dodói, Renée, dodói, Robert... Renée, dodói". Serei informada, um pouco mais tarde, que Renée tem uma fístula anal, que acabou de ser tratada por uma enfermeira, diante dos maiores, e que Robert colocou seu dedo no ânus de Renée. Marisa ficou muito perturbada e torna a me contar ao chegar a sala de sessões: "Renée, dodói, Robert."

Dá-me o pato olhando a bacia d'água e diz "cacá, água".

Manda-me sentar no patamar para poder sair da sala correndo e jogar-se em meus braços com alegria. Faz-se ninar, chupando uma bala e, ao mesmo tempo, empurrando minha cabeça para trás e, mantendo-me assim, bate em meus lábios e dentes.

Reconduz-me à sala, depois, apoiando-se com as duas mãos sobre minha cadeira vazia, ordena-me sentar nela. Vai encher a taça na bacia, depois dá-me de beber, falhando propositadamente em acertar minha boca para que caia água sobre mim. Então, afasta minha veste e, através de minha camisa, esvazia uma taça d'água sobre cada seio, colando-a como uma ventosa. Esvazia, a seguir, três taças de água sobre meu joelho, dizendo "dodói". Termina vertendo três copos d'água na cama vazia.

A expressão de Marisa mudou de registro. Neste dilúvio de água — que não é pipi agressivo — a água não mais representa o pênis. A água é a dor, a perda do corpo do Outro, de um corpo sem boca e que sofre, castrado pelo nascimento da criança. Esse é também o destino do corpo do bebê.

A mãe perdeu a criança, a criança perdeu a mãe e, quando anuncio o final da sessão, ela diz "não, quero não" e vai molhar sua mão para molhar também o bebê nu, no berço. Depois, lava a parede.

Em 16 de maio, o efeito desta cena é a separação de Marisa e Robert, até então inseparáveis na vida cotidiana, no jardim de infância. De fato, Robert não está mais colado a Marisa como a um duplo — ele nasceu em seu tratamento, poder-se-ia dizer, na sessão de 13 de maio — e Marisa não está mais fascinada pelo menino que é Robert, a quem eu teria dado um pênis, que lhe recusava, e mesmo tirara-lhe para dá-lo a Robert. A identificação de Marisa não mais se faz com o portador do pênis, mas inclina-se para um Outro, privado dele, que sofreu a castração. Não é passivamente que se confronta com isso, deplorando-o, mas ativamente, fazendo de seu Outro que sou eu, um Outro sem pênis.

Em 16 de maio, nos meus braços, enquanto subimos, me penteia — o que representa a castração –, mediante o que me valoriza por um significante da feminilidade dizendo "cê é bonita"; situa o representante do pênis como separado, quando me detém diante de uma janela para dizer-me "olha árvore", evocando assim meu desejo, incitando-o mesmo, e colocando-o no movimento lógico de minha relação com a falta.

Entretanto, de memória, evoca a perda sofrida dizendo "dodói", sempre enfiando balas no bolso de meu avental, entre minhas coxas, lugar do dodói, como na sessão precedente. Retorna, igualmente, ao "lobo" de Robert, como à expressão de tudo o que lhe causou dor e, religando-o à água, ao pato, evoca também um outro corte, o do nascimento e de seu traço, o umbigo, que me mostrará dizendo "dodói". Interpreto.

Ela sente falta de Nádia, ou seja, a outra menina de quem me ocupo. A parte ativa que toma na castração aparece de modo muito engraçado quando, um pouco mais tarde, eu a encontro penteando um elefante.

Em 17 de maio a atendente conta que, na véspera, Marisa estava com duas pás e que não queria devolver, apertando-as forte contra si, dizendo: "Não, qué, não". Quando a atendente disse-lhe — "amanhã você pega novamente", o efeito deste significante foi imediato e Marisa repetiu interrogativamente: "amanhã?", e entregou as pás. "Amanhã" é o significante da separação que lhe digo no final das sessões.

Ao ver-me diz: "Cê tá aqui?" Assim que está no meu colo, retoma o dodói de Renée, no ânus. Põe a mão na água da bacia, dizendo "olha água" e, diante da areia, "cacá, Renée, dodói".

Faz-me retirar sua fralda, dizendo "quente" e, acocorada diante da areia diz novamente "Renée, dodói, cacá... Robert, dodói, Renée", acrescentando "não Marisa". Depois vem deitar-se no meu colo. Isto demonstra o quanto ficou perturbada pela agressão anal de Robert e o quanto quer afastar-se disso.

Aperta o penico contra ela, põe o relógio no boneco e o deita no berço dizendo-lhe "dodô". Ao fazer isto, vê um pedacinho da caneca de Nádia. Retoma o bebê para que eu retire a fralda, tira-lhe meu relógio e coloca-o nela mesma. Deita o bebê na minha cadeira, da qual me fez levantar, põe-lhe o pedacinho da caneca entre suas pernas dizendo "cacá". O que poderia parecer anal, está sempre relacionado com a água, tal como o demonstra mergulhando este objeto na água, antes de recolocá-lo entre as pernas do bebê. Mas não é um pênis ou seu representante, pois ela o passeia por seu umbigo, faces e olhos. Retorna à água e molha sua fralda na bacia para esfregar, agressivamente, o bebê com ela, dizendo "não Robert". Em seguida, esfrega meu joelho suavemente dizendo "dodói", como se lastimasse minha perda, o bebê Robert.

Sua agressividade reaparece quando lhe digo que terminamos, ou seja, que vou deixá-la: ela diz "não, qué não", lava a parede agressivamente e espalha água no chão, perto de minha cadeira. Digo-lhe que lava tudo como se fizesse pipi por toda parte, o que a fez rir. Ao descer, bate alegremente em meu braço com meu relógio.

Em 23 de maio, Marisa retoma o nascimento como um deixar cair. Diz-me isso, inicialmente, com um significante incompreensível: "tipi" ou "tibi", antes de dizer claramente "caído" (*tombé*), ou seja, passando de S_1 a um S_2. Representa a si mesma por um pato, representante do bebezinho, que esconde entre minha veste e minha camisa, sobre o seio esquerdo. Dá-me, portanto, um representante de criança. Então, pegando o bebê, coloca-lhe um biscoito na boca, depois entre as suas coxas, antes de comer uma pontinha. Termina pondo o pato na bacia onde joga biscoitos, balas, chupeta antes de dizer várias vezes "caiu". Caído da mãe, um deixar cair desencadeando sua agressividade contra mim, que expressa, então, espalhando água e areia no assoalho.

Em 24 de maio, quando chego, mostra-me o maço de cigarros que Robert trouxe da sessão, com ar triunfante. Eu lhe falo dos meninos como papais e das meninas como mamães. Ela, então dá-me o maço de cigarros.

Recomeça o jogo que fizera com meu relógio em 17 de maio, e que consistia em colocá-lo e retirá-lo do boneco muitas vezes, antes de olhar entre as pernas deste, como se meu relógio lhe tivesse dado algo a mais; olha a seguir o traseiro do bebê e diz "cacá", depois enxuga-lhe o rosto dizendo que ele tem "dodói". Como se detém na boca do boneco, falo-lhe da perda do seio e ela vem enxugar meu rosto suavemente. A perda está ligada ao significante "cacá" que se redobra com um "dodói" no rosto, ou seja, relacionado aos orifícios do corpo, ânus, boca, referenciados ocasionalmente aos objetos pulsionais subjacentes.

No dia seguinte, 27 de maio, tem uma otite com febre e sua cabeça está enfaixada. Penteia meus cabelos, mas não os seus — pois já foi atingida em seu corpo. Pede que eu retire sua bandagem e a coloca em volta da cabeça do boneco.

Em 28 de maio, está com muita febre e não posso levá-la para a sessão.

Em 30 de maio, trataram de seus ouvidos e ela chora muito. A sessão é dominada por sua recusa de qualquer expressão e grande agressividade para comigo. Sua recusa no final vai a tal ponto que, pela primeira vez, estende os braços para a enfermeira olhando-me, mas sem ansiedade por me rejeitar.

Em 31 de maio, exige subir para a sala de sessões, assim que me vê com Robert, a quem reconduzo: "quer lá em cima". Sem nenhuma dúvida, é para ver o que Robert deixou e, tão logo na sala, só tem olhos para a grande poça de leite e de água no assoalho. Como pego o pano de chão para limpar, ela se apodera dele, pois quer a sala do jeito que Robert a deixou, querendo mesmo acrescentar, mergulhando o pano na bacia cheia da mistura de leite com água para lavar a parede. Vai lavá-la várias vezes seguidas, cada vez mais perto de minha cadeira, como se quisesse molhar-me agressivamente. Aliás, bate com sua mão na bacia cheia d'água para respingar-me, ao mesmo tempo que faz pipi de pé, em sua fralda. Um pouco mais tarde, é com meu lenço molhado na poça que bate em minha perna, ao longo da qual faz escoar água, o máximo que pode. Este procedimento equivale a fazer pipi agressivamente, inclusive sobre mim, portanto, a fazer-me castrada, ela não.

Deu explicação de sua violência anteriormente na sessão quando, indo comigo buscar suas coisas num armário, recusou que eu pegasse a mamadeira, dizendo: "não qué mamadeira". Um pouco mais tarde, pegou a mamadeira vazia deixada por Robert para mostrar-me, dizendo: "Robert", ou seja, para sublinhar que dou a ele o que não dou a ela, um pênis, por intermédio do leite. Digo-lhe isto e ela confirma colocando as balas em meu avental, entre minhas coxas, como um pênis que me daria, disposta a retomar uma bala, chupar um pouco e voltar a cuspi-la dizendo "cacá", para designar o pênis que não lhe dou. Em toda esta cena, põe também em jogo um gozo masoquista que a motiva nas acusações que me faz.

A 3 de junho, estende-me a mão dizendo "dodói", embora não tenha nada, e isto porque um menininho cortou-se na mão. Torna-me responsável por seu corte imaginário e mostra-se muito agressiva com o livro de figuras, no qual ela me pede a do gato, para baixar energicamente as páginas que me faz virar, o que equivale a me bater.

Então, remexendo nos botões de minha veste, diz-me "abre" e puxa meu sutiã para olhar longamente dentro dele. Falo-lhe do seio e do corte que a separa da mãe. Come, então, a metade de um doce e põe a outra entre minha veste e minha camisa, sobre o seio. Falo-lhe do alimento substituto, mas ela se interessa, sucessivamente, pelos botões de minha veste, dizendo a palavra "botão", de tal modo que se parece à palavra "boca", depois, por um sinal em meu rosto, dizendo "dodói" com tom doloroso, e enfim numa lasquinha no fundo da bacia sobre a qual se apóia de maneira muito forte — e que chamava de "botão", algumas sessões anteriores.

O botão-boca, o sinal-dodói, a lasquinha, colocam em série a ferida da castração, uma castração que me concerne.

Mas a cena seguinte, na qual identifica-se ao boneco, mostra ser concernente a ela também. Quer meu lenço para mergulhá-lo n'água e lavar o bebê com ele, começando pelos pés, depois entre as coxas, onde o deixa longo tempo apoiado, dizendo "olha". Como nomeio as partes do corpo do bebê, quando ela lhe toca o rosto e que digo "boca", ela diz-me "não boca" e recomeça a lavar o bebê pelas mãos, depois entre as coxas, virando-o de bruços, dizendo "Renée".

Nesta cena Marisa fez a ligação entre as mãos da masturbação, o sexo ligado a uma boca que recusa e a região anal, lugar de uma ferida ligada ao cacá. Está muito agressiva comigo e me respinga água.

Um sinal, porém, vem chocá-la e irá recentrar seu corte-castração na separação de sua mãe: fica siderada ao ouvir, na rua, um carro buzinar e põe-se intensamente vesga. Quer descer de imediato. Embaixo, onde me bate violentamente, pede colo a uma enfermeira.

Esta hostilidade e violência contra mim, assim como a busca do colo de uma enfermeira — uma outra mulher — concluem esta fase onde ela encontrou a falta de pênis do Outro. Esta hostilidade clássica da menina para com sua mãe, no momento desta descoberta, em Marisa irá reduplicar-se com grande sentimento de culpa, relacionado à perda tão precoce de sua mãe.

Em 4 de junho, pego Marisa antes de Robert. Ela chora e queixa-se de dor de ouvido. Colocam-lhe um curativo em torno da cabeça. Enquanto subimos, está imóvel e silenciosa, exceto por alguns soluços remanescentes.

Enuncia a causa desta aflição que atinge seu corpo quando, na sala, apoiada em mim, olha a porta e diz "porta", depois, "carro", olhando a janela e acentuando sua pressão contra mim. Lembro-lhe da cena da véspera, quando ouviu um carro buzinar na rua e teve tanto medo. Falo-lhe de seu passado, da separação de sua mãe e todas as mudanças de lugar com carros. Escuta atentamente o que digo, mas, após alguns olhares sobre as figuras do livro, pede para descer, como para fugir do insuportável.

Em 6 de junho, Robert quer impedi-la de vir à sessão colocando-se à porta, depois sai e se esconde para nos seguir a distância. Marisa, no meu colo, diz "Robert", com um tom inquieto.

Ao chegarmos à sala, ela diz "carro", olhando a janela. Devo, primeiro, descer Robert que está atrás da porta. Marisa aguarda no patamar.

Instala-se no meu colo para falar-me do carro. Mostra-me a figura do gato, no livro — à qual referia-se freqüentemente como "lobo", do mesmo modo que Robert. Mas, a figura que me mostra, a seguir, retrata uma cabeça de homem com um chapéu, sobre a qual diz "cabeça, moço... chapéu", depois "carro". Lembro-lhe a sessão de 3 de junho: estava batendo em mim quando ficou com muito medo do carro que buzinava, e quis descer imediatamente, portanto, separar-se de mim. O carro a separava de sua mãe e fez com que se separasse de mim.

Sua resposta é chupar uma bala, depois deixá-la cair de sua boca, para fazer-me pegá-la. Entrega-se ao mesmo jogo com um doce. Depois, pega meus óculos, coloca-os no boneco que sentou no meu colo. Ela não tem mais direito sobre o que vem de mim. Reage agressivamente, bate-me com violência usando meu relógio para isso. Infelizmente, chamam-me lá fora. Ela tira disso uma conclusão imediata: quer descer. Certo, leva consigo o bebê, mas, quando encontramos Robert, embaixo, ela não pode guardá-lo, devendo devolver "meu bebê Robert": joga-o em mim, e pega outra boneca.

Mostra-me então a grade, com a expressão fixada, dizendo-me "lá longe", significante de sua mãe desaparecida. Torna a ficar serena, quando lhe digo que é dentro da casa que venho vê-la.

Em 10 de junho, pego Nádia antes de Marisa no jardim de infância, onde estão juntas. Quando chego para buscá-la, está balançando-se pendurada numa viga. Continua balançado-se com um sorriso malicioso. Pára com seu jogo quando interpreto sua vontade de fazer-me esperar por eu ter feito o mesmo com ela e diz: "olha ali, lá em cima", com ar encantado e decidido. Um menino nos segue e Marisa diz-me desvairada, "Robert", pois no início da sessão precedente ele nos seguira, e sua inquietação quanto ao fato de eu preferir outra criança é grande, pois ela tem muita raiva de mim.

Assim que chegamos à sala, diz "carro".

Transvasa as balas, leva a xícara vazia à boca do boneco dizendo: "bebê, bebê". Quando lhe digo que a xícara está vazia, ela põe dentro um alfinete de fralda, dizendo "Renée, cacá", sempre querendo fazer o neném beber. Quererá ela fazê-lo recuperar o cacá perdido?

Põe meus óculos no bebê, torna a deitá-lo, esconde um biscoito em meu peito, entre a combinação e a blusa, acaricia meus cabelos dizendo que sou bonita, admiração relativa ao que me restituiu.

Entretanto, sua agressividade explode tão logo esfrega o bebê com meu lenço ensopado, mas é a mim que quer molhar e bate em minha mão com o lenço. Depois de ter lavado a parede atrás de mim, estende meu lenço sobre a parede, olha a luz e diz "quente".

Termina fazendo dentro da bacia uma toalete agressiva do bebê, depois se acalma e deixa-o mergulhado n'água.

A sessão de 11 de junho é centrada no pente, cujo laço com a castração nós conhecemos. Ela bate o pente em sua cabeça antes de me pentear demoradamente, dizendo "pentear Rosine", com ar feliz. Um pouco mais tarde, penteia o bonequinho, mergulhando o pente num peniquinho vazio e me penteia de novo, como o fez com o bebê.

Quer, então, que eu faça o bebê comer um biscoito, isto é, que eu dê a esse pequeno outro o que não dei a ela, como seu dito testemunha: "Robert mau... Rosine má".

O barulho das chaves da vizinha ao regressar lhe mete medo depois do que acaba de dizer e, no mesmo instante, acrescenta "descer, Robert", como recurso.

Sente-se culpada a ponto do barulho das chaves como o da buzina do carro na rua tocarem-na duramente. Podemos certamente pensar numa reminiscência das trocas que sofreu, mas estes barulhos são, neles mesmos, sinais de uma presença exterior, presença perseguidora reduzida a um ruído, só tomando essa dimensão depois que seu *Penisneid*, que a protegia, atenuou-se, dando lugar ao objeto perdido: o seio.

O encontro do Outro primordial enquanto perdido confronta-a com uma dívida quase real que esmaga sua demanda, impondo-lhe devolver ao Outro qualquer objeto. Vê-se a intensidade de seu mal-estar, que se inscreve num "tudo é devido ao Outro", como na estrutura da psicose, exceto que Marisa fala e não deixa, como Robert, a exclusividade da palavra ao Outro.

Aliás, em 13 de junho, o significante "cacá" é dito imediatamente antes de fazer com que retirem sua fralda. Sua culpa a impede de aproximar-se do leite, que se contenta em manipular, fazendo alguns transvasamentos, mas sem pedir por ele, numa tensão dolorosa. No final, acocora-se diante da casa e, pela primeira vez, faz cacá no chão, sem nada dizer. Traz-me uma caminha da casa, dizendo que está quebrada... tal como algo está quebrado nela.

É o que exprime em 17 de junho, quando chego, ao dizer-me "dodói, pé". Serei informada, a seguir, que no final da sesta ela se queixou de dor no pé e pôs-se a chorar. Colocaram-lhe uma bandagem e ela disse "acabou dodói", mas, assim que seu pé tocou no chão, recomeçou a chorar; passou a andar na ponta dos pés. Esta cena, após a sessão precedente, faz supor uma conversão.

Isto se confirma quando, em sessão, pega meus óculos e os coloca dizendo "não óculos, bebê", ou seja, não há pênis para Robert. Diz, a seguir, "cacá", mas apenas para fazer recolocarem sua fralda, portanto, uma recusa. Enfim, exige meu relógio.

Novamente ouvimos o barulho das chaves da vizinha que retorna e Marisa, inquieta, diz, tal como na sessão de 4 de junho, "porta... carro", ou seja, dois significantes que dizem respeito ao mundo exterior, o que a reenvia à minha relação com este mundo, ao desejo do Outro. Que ela diga então, "dodói, pé... Renée, má" repetidas vezes, é apenas a projeção sobre Renée (a criança com a fístula anal) de sua própria recusa do dom do objeto anal. Portanto, ela é punida pelo "dodói, pé". Ela gostaria muito de nada saber disso, como o demonstra pondo meu lenço na cabeça do boneco, intimando-o "dorme, bebê, dodô"; mas não fica tranqüila pois diz "cacá", faz retirar sua fralda e acocora-se diante da casinha.

Será o significante "cacá" suficiente para preservá-la de ter que dar o objeto como na sessão precedente? Sempre ocorre contentar-se em fazer pipi... o que não tem o mesmo valor que o dom anal, e pede desculpas quando, aflita, mostra-me a poça dizendo: "oh, pipi, pipi".

Volta para o meu colo, onde apenas instalada encontra suas possibilidades de encenar simbolicamente o dom anal: diz-me "cacá", e pegando meu anel coloca-o em seu dedo médio, que estica em minha direção dizendo: "cacá, anel". Mas o objeto vem do Outro.

Quer que eu vá acender a luz, diz novamente "cacá, anel", esticando-me seu dedo, mas sem olhar a luz. Lembro-lhe a cena do início, onde, sentada no penico para fazer cacá, ela esticava para mim os dois dedos indicadores, com ar suplicante, dizendo: "cho-cho-cho", e evoco a última sessão, onde fez cacá sem nada dizer e fora do penico.

Põe meu anel em sua mão e diz-me: "lolô", dando-me um peniquinho. Mas basta ele ficar cheio que faz-me esvaziá-lo, tomando-o de minhas mãos para beber a última gota. Depois pega uma bala, que chupa, mas a deixa cair abrindo a boca, ou seja, renuncia ao objeto.

Antes de descer, pega meu anel na casinha aí deixando meu relógio.

Em 18 de junho, Robert opõe-se violentamente à partida de Marisa dizendo: "não, não Marisa, qué não". Levo Marisa no colo e converso com Robert, que se acalma. Marisa está radiante com a cena, durante a qual matraqueia.

Ela entra na sala com ar de um conquistador, e diz-me: "fechar porta".

Novidade! Ela aí encontra a caixa de pérolas de Robert. Ela pega as pérolas, e as põe uma a uma em meu avental, dizendo: "cacá". Uma delas cai no penico e ela a ignora voluntariamente. Depois deste dom simbólico, pode comer, insaciável, doces e balas e tornar a pedir-me, até mesmo exigir leite para o bebê, embora ela mesma o beba. No final, pega a caixa de pérolas e diz: "Robert descer", o que podemos traduzir por: "desço este objeto tal como Robert desce objetos da sessão".

Em 20 de junho pega algumas pérolas que põe no bolso de seu avental, dizendo: "cacá". Como enuncio que guarda para si estas pérolas que chama "cacá", ela verte o resto das pérolas no meu avental, recoloca-as depois em sua caixa, e come um doce segurando a caixa de pérolas.

Novamente, diz "cacá" com uma entonação suplicante. Ao mesmo tempo a caixa de pérolas lhe escapa... Não somente a caixa, pois devo retirar sua fralda e o cacá que deixou cair dentro dela. Eu o coloco no penico. Digo-lhe a sucessão que acaba de se produzir e interpreto seu medo de dar o cacá porque acredita poder perder seu corpo, do mesmo modo que deixa cair as pérolas.

Ela coloca no meu colo a caixa de pérolas que juntei, diz-me "cacá" com ar novamente suplicante, como uma demanda, esticando o indicador de sua mão direita dizendo: "Robert". Que Marisa diga "Robert", assinala a inversão dessa demanda ao Outro, de um pênis, anal no momento.

Representa comigo, em espelho, a cena que precede: esconde uma pérola entre os meus joelhos, que cai aos meus pés — ela olha dizendo "cacá". Mas, corrige imediatamente a perda que eu sofri tentando fazer entrar a ponta de minha saia na caixa de pérolas e levantando-a para olhar por baixo, a ponto de encontrar-se entre os meus joelhos, com a cabeça debaixo da minha saia, à procura do pênis. Digo-lhe isso e ela responde "descer Robert", e leva a caixa de pérolas ao partir.

A ausência total de estrabismo durante toda esta sessão — tal como eu havia notado na primeira vez que ela disse o significante "cacá", a 19 de dezembro — mostra o acoplamento do estrabismo com a expressão da castração.

Em todo caso, depois de 17 de junho e do que evocamos como um esboço de conversão, Marisa reencontrou sua demanda com o dom anal invertido, e seu Outro fálico.

Em 21 de junho, Robert está com uma enfermeira, e olha Marisa partir sem oposição, cantarolando o nome dessa enfermeira.

Ela come um doce e diz "cacá", mostrando-me o armário, como se quisesse reencontrar ali o cacá da sessão da véspera. Ela ali encontra a grande marmita de Robert, que conhece bem, e pega-a dizendo, "Robert".

Antes de devolvê-la para pegar a sua, ela faz com ela uma touca em meu joelho, retira-a para molhar meu joelho, depois o cobre novamente. Digo outra vez "Robert menino" e "Nádia e Marisa meninas como eu".

Pega a tampa de sua marmita para refazer a mesma coisa. Coloca-a sobre meus joelhos, diz "cacá" pondo seu dedo no buraco do meio da tampa correspondendo ao punho. Lembro-lhe a história do termômetro, a dor "chô" quando lhe retiravam, e sua provável alegria quando o colocavam pelo fato dela acreditar que, deste modo, devolviam-lhe o que pensava ter perdido com o cacá.

Ela volta a dizer "cacá" e se aproxima para que retire sua fralda, percebe porém a fralda limpa na borda da cama. Precipita-se sobre ela furiosa, me bate violentamente dizendo, "não fralda". Retoma a marmita de Robert e bate com muita agressividade nas minhas mãos e na minha perna dizendo "Rosine má", "Robert mau", o que assinala o caráter castrador da perda ligada à fralda limpa, já visto.

Como na véspera, enfia uma pérola entre meus joelhos, que cai, repetindo muitas vezes "cacá", redizendo ainda, ao alinhar com cuidado oito pérolas no assoalho. Lembro-lhe o cacá no chão.

Quer ser conduzida à enfermeira do início da sessão, que estava com Robert, e não quer que esta a deixe, caso contrário, se põe a chorar, esperando certamente obter da enfermeira de Robert os atributos deste, retorno evidente do *Penisneid*, numa transferência lateral.

Ao exercer sua violência contra mim, não ficou vesga.

Em 25 de junho, devo arrumar a sala em sua presença, após a sessão de Robert, pois ela quer subir imediatamente depois, como tantas vezes anteriores, na esperança de encontrar o que Robert tem. Seu estrabismo não se manifesta enquanto arrumo a sala, mas sim por um pequeno momento, quando a sessão começa.

Come doces e balas com a insaciabilidade suscitada por Robert, pede mais chamando-me "mamãe", com voz sufocada, pois este "mamãe" tem a ver com Robert, que freqüentemente grita assim. Sua identificação a Robert, na ocasião, deixa-a perplexa, como o testemunham os três significantes que me diz, em seguida: "Renée, Robert, mamãe", guarnecidos de um "pipi, cacá". O pipi-água serve-lhe para lavar a parede por longo tempo, com sua mão, depois com a minha. Quanto ao cacá, ela deixa claro não estar ainda pronta para dá-lo, pois dá-me as costas e espalha areia no chão, três vezes seguidas, e mesmo assim, ao fazer isso, me pede "doce", depois de ter dito "cacá, doce". Quando termina seu doce, diz-me "sai daqui", senta-se na minha cadeira olhando-me com ar dominador.

É de meu lugar que manipula, a seguir, o boneco, retirando-lhe a fralda e colocando-o numa bacia, de tal forma que ele não fica sentado nela, dizendo-lhe incessantemente "sentado", num tom agressivo. Enfim, estendendo a fralda do bebê na bacia e, jogando areia nela, lambuza-o com a fralda molhada, cheia de areia, colocando areia na cabeça, no pescoço e pernas. Evoco-lhe o estado no qual eu a encontrei, no início do tratamento, cheia de pipi e cacá, não se interessando por nada à sua volta.

Pega duas caminhas na casa e as recoloca delicadamente, uma para ela, uma para mim.

No decorrer desta sessão, ela afirmou-se como identificada a um Outro fálico. Será devido ao significante "mamãe", que jamais dissera e que tomou de Robert?

Em 27 de junho, sobe com uma escova, limpa meu rosto com ela e, em sessão, dá-me alguns golpes no braço e na perna.

Diz "cacá" e faz retirar sua fralda. Retira as pérolas de sua caixa colocada no meu colo, bate na caixa duas vezes com a escova, atingindo-me também.

Neste momento, escuta um carro buzinar. Aperta-se contra mim e diz-me "carro descer". Digo-lhe novamente da ligação, evocada pelo significante "carro", entre carro e suas mudanças, entre a punição que se impõe e sua agressividade contra mim, portanto, contra sua mãe.

Escuta-me muito atentamente e verte as pérolas em minha mão, com o rosto feliz. Depois sobe em sua cadeira para olhar lá fora, através da janela aberta, durante dez minutos, enquanto eu devo permanecer sentada no interior. A situação inverte-se: é ela quem se interessa pelo mundo exterior, e eu que não posso fazê-lo, pois ela me impõe nada ver, sempre dizendo-me o que ela vê.

Não quer descer e põe-se a chorar quando entramos no jardim de infância vazio, pois todo mundo está do lado de fora.

Em 28 de junho, Marisa está inquieta com um menininho que nos segue; Marisa passa um pente em sua cabeça.

Em sessão, lava meu rosto e cabelos com um lenço que mergulhou na água. Por um curto momento, permanece imobilizada porque uma ponta do lenço entrou-lhe no olho. Depois, estende meu lenço sobre o fundo da bacia, bate nele olhando-me. Como eu lhe digo que bater em meu lenço molhado é como bater em mim com uma fralda cheia de pipi, ela vem secá-lo em mim. Repõe o lenço na bacia e joga punhados de areia na água, dizendo "sentado", como se o bebê estivesse ali.

Lembro-lhe a cena da véspera com o bebê que não conseguia sentar na bacia, acrescentando que hoje é a mim que ela fez sentar no pipi e no cacá, porque está com raiva de mim devido à perda de sua mãe. Ela me escuta encantada.

Dá-me a caixa de pérolas, verte-as em minha mão, estende-me a caixa para que eu as recoloque dentro.

Neste momento, um carro buzina, mas reage muito menos intensamente do que na véspera.

No meu colo, quebra uma bala com seus dentes, do qual dá-me a metade; devo fazer a mesma coisa com a outra. Esta cena é vivida com profunda emoção e, olhando o pente, ela diz "não pente", como se a troca de balas pela metade que acaba de acontecer anulasse a castração.

Depois, afasta minha veste e minha camisa, inspeciona meu peito longamente. Digo-lhe que não sou sua mãe e que ela não precisa mais de seio, mas que gostaria que as balas estivessem neste lugar.

De fato, ela acaba de tentar o retorno ao *Penisneid* do início, quando este era ligado ao objeto *a*. Ela tentou até fazer deste objeto um objeto de partilha com as balas. Minha recusa interpretativa a reenvia à divisão do sujeito com a queda do *a*.

Descer com a caixa de pérolas no final da sessão é uma denegação, *a mínina*, desta divisão, com referência a um objeto comum, banal, que se conta e divide.

Isto não a impediu, num momento na sessão, de colocar em torno de meu pulso um bracelete de fitinha dourada que trazia ao subir, no lugar, pode-se dizer, de meu relógio, que me pede tão freqüentemente, bracelete e relógio que nos afetam, ambas, como uma representação da castração.

CAPÍTULO XIII

Minha ausência próxima a faz reencontrar o significante "mamãe" de sua mãe perdida

No início do mês de julho, no decorrer de algumas sessões, Marisa opõe-se fortemente a mim, fazendo tudo ao contrário, querendo comer coisas como alfinetes de fralda do bebê, desafiando-me e pedindo o impossível, para finalmente tratar-me como má.

Vê-se aí o retorno, particularmente matizado de hostilidade, à demanda do impossível, ou seja, do objeto *a* no campo do real.

Numa sessão seguinte, volta a encenar sua castração, ao enrolar meu lenço em volta de seu antebraço, como um curativo, querendo que eu o prenda com os alfinetes, isto é, que eu reconheça sua privação, ou melhor, a ferida em seu corpo, o que recuso. Fica furiosa e me bate com meu relógio.

O que recuso é reconhecer o real de sua castração, que a colocaria novamente no registro do objeto, por retorno ao *Penisneid*. Minha recusa aparece, por conseguinte, como recusa a responder a sua demanda do impossível, o que a torna furiosa, por certo, deixando-a, todavia, no campo da divisão do sujeito, assim como eu, quando me bate com meu relógio.

A notícia de minhas próximas férias não provoca reação aparente, além do fato de olhar-me muitas vezes, a expressão de seu rosto bastante fechada. O 8 de julho, a lavagem geral de meu rosto, seio, cabelos, suas mãos e, enfim, meu peito, testemunha, entretanto, que ela está com muita raiva de mim.

Em 12 de julho, faz um circuito fechado com as pérolas, que põe na chaleira pelo bico, para pegá-las e recolocá-las dentro do mesmo modo. Como eu lhe digo que quer tudo guardar, ela faz-me verter leite na chaleira, leite que encontra num outro pote, antes de fazer o boneco beber na chaleira vazia. É como um protesto que me dirige e que exprime também ao fazer, imediatamente depois, pipi no chão. Sua agressividade contra mim explica o medo que ressente, pela segunda vez, ao ouvir um automóvel buzinar.

Em 15 de julho, retira a tampa da marmita e vai apoiá-la no rosto do boneco, depois apóia com força a própria marmita sobre ele, como se quisesse fazê-la entrar nela. Traz o bebê e a marmita para meu colo, dizendo-me "lolô", mas esforçando-se sempre para fazer entrar o boneco na marmita, tal como um bebê que ainda estivesse dentro de sua mãe, o que eu lhe digo.

Retoma, a seguir, o jogo do circuito fechado das pérolas com a chaleira, quer dizer, o jogo de não dar; Marisa vai depositar, preciosamente, uma pérola no assoalho, perto de mim, exprimindo sua ambivalência.

Enfia uma bala no bolso de meu avental, entre minhas pernas, retira e come, fazendo-me dar uma mordidinha, indicando-me, mais uma vez assim, que objeto espera de mim. Mas, como não consegue, ela me diz "sai daqui", para subir em minha cadeira; lava a parede com meu lenço dizendo "Robert", como se nomeasse um objeto que me substituísse. Seu "sai daqui" diz muito de uma rejeição exasperada.

Vai olhar lá fora comendo um doce e pede-me uma bala que joga no teto, desvalorizando então o objeto com um: "não é isso!".

Volta a descer, pega o boneco dizendo "bebê mau", faz-me retirar a fralda para chupar os alfinetes, afrontando-me com insolência enquanto instala o bebê em meu colo. Afasta com muita força as pernas dele e diz-me "olha" — olha nada. Depois, recobre-o com sua fralda, lençol e colcha do berço comprimindo-os como que para sufocá-lo, dizendo "bebê mau".

Repetindo "bebê mau", retira o bebê daquele amontoado, puxando-o para o chão, entre minhas pernas, como se me fizesse dar a luz a este bebê, repetindo ainda "bebê mau".

Interpreto a relação com seu nascimento, a culpa por ter raiva de sua mãe, e sua responsabilidade quanto à minha partida anunciada. Pode, então, pegar ternamente o boneco nos braços, instalá-lo confortavelmente na cama dizendo "bebê bonzinho", e põe o berço sobre sua cabeça. Então, ela é o bebê bonzinho ou é quem me tira o "bebê mau"?

Ao descer, cantarola.

Em 18 de julho, sobe para a sessão levando uma vara, e com ela bate em meus joelhos e em minha mão, cada vez mais forte. Interpreto na transferência seu ressentimento por minha ausência próxima. Porém, com esta mesma vara, ela agita também as pérolas num penico olhando-me, depois bate na cama, sempre me olhando com uma agressividade que se desdobra em diversas direções, entre mim e os objetos.

Em 22 de julho, lembro a Marisa que é nossa penúltima sessão, antes de minha partida. Ela fará uma sessão fundamental onde irá chamar-me sem cessar "mamãe", um significante que só usou excepcionalmente e, mesmo assim, imitando Robert. Eu lhe direi que me chama hoje, deste modo, porque ao partir eu renovo o que conheceu com a separação de sua mãe.

Mergulha na pia uma caminha da casa, dizendo "mamãe". Coloca-a no fundo, depois serve-se dela como de uma taça para beber, diante de mim.

Ela diz "lolô" mas vai em direção às balas, come e dá-me uma, feliz.

Depois, verte as pérolas na bacia, substituindo-as em sua caixa por água. Faz um longo jogo de beber e de me fazer beber; retorno ao alimento primordial, o leite, até mesmo o líquido amniótico.

Senta-se em sua cadeira e come um doce, depois olha-me longamente, tal como a cama, dizendo-me "mamãe", o que repete muitas vezes. Digo-lhe que não compreendo.

Então, ela sobe em sua cadeira para olhar lá fora dizendo "mamãe". É neste momento que lhe digo a razão pela qual ela hoje me chama de "mamãe": nossa separação próxima.

Ela parece inteiramente atenta às minhas palavras e diz: "mamãe, onde ela tá?", olhando-me de forma patética ao fazer este apelo sobre sua estória, sua vida, por breve que seja.

Desce de sua cadeira, vai até perto da cama e diz-me "mamãe dentro", para fazer-me entrar nela. Mal eu me instalo, ela estende-me os braços para que eu a faça subir, por sua vez. Vem deitar-se sobre mim, sua cabeça sobre meu peito, abandonando-se, como a criança que acaba de nascer e que é colocada sobre o ventre materno. Permanece ali por um longo minuto. Mas não pode suportar mais do que isso; endireita-se e senta sempre sobre a cama, ao meu lado. Fica assim por pouco tempo pois sua emoção é muito forte; ela desce, mas eu devo permanecer na cama.

Vai então pegar a segunda cama na casinha. Coloca-a ao lado da outra na bacia, fecha o penico dentro da casinha.

Volta a acocorar-se diante da pia e sempre remexendo as camas na água, faz cacá ao mesmo tempo que me diz para que eu lhe retire sua fralda. Diz-me "cacá" com uma alegria reticente, seu olhar indo de mim até o cacá, na fralda. Deixa-se enxugar e olha atentamente o que vou fazer com a fralda que contém o cacá. Coloco a fralda aos pés da cama falando-lhe do presente que aquilo representa, ela diz "mamãe", voltando a remexer as duas camas na bacia.

Quando lhe digo que iremos descer, diz-me várias vezes "mamãe má", recusando-se a descer durante dez minutos, no decorrer dos quais fica junto à janela e me diz: "Mamãe, onde ela tá?... Mamãe, tá lá não", no mesmo tom comovente que antes.

Mas, ao descer, ela cantarola.

A última sessão, a 23 de julho, repete a precedente pelos atos, pela carga emocional. Torna a representar a cena da cama e a fazer as mesmas perguntas, principalmente para que eu fale da certeza de minha volta.

CAPÍTULO XIV

As férias

Minha saída de férias e nossa separação não podiam deixar de atingir Marisa.

De fato, durante os primeiros dias, ela reagiu com encurvamento e até mesmo balanceio. Uma enfermeira acostumada a se ocupar com ela propôs-lhe subir à sala de sessões. Marisa disse "sim" e mostrou-lhe tudo o que havia na sala, manifestando simbolicamente minha presença nela, de algum modo. Mas, no colo desta enfermeira, Marisa enfureceu-se bruscamente contra ela arrancando-lhe o véu — um véu que eu não tinha: portanto, ela não era eu. Além disso, é também uma revocação da transferência negativa contra mim, que não sou sua mãe. Posteriormente, o encurvamento de Marisa cessou.

Um dia, perguntaram-lhe onde eu estava e ela respondeu "foi embora". "Será que ela volta?", Marisa, sem hesitar, responde "sim".

Uma semana antes de minha volta, a atendente retorna de suas férias. Procuram Marisa e acabam por encontrá-la sentada no chão, na sala de sessões, como se acreditasse ter sido eu que tivesse voltado. No dia seguinte é acometida de uma crise de furunculose... de decepção.

Ela quis também usar uma armação de óculos de criança que encontrara, por muitos dias, e sem nenhum estrabismo.

Quando retorno, contam-me que um dia viram Marisa empurrando um carrinho com o boneco e Robert andando ao seu lado.

Enfim, tendo engordado 4kg e crescido 15cm em oito meses de análise, seu peso e tamanho permanecem estacionários durante as férias, porém sem diarréia nem otite.

CAPÍTULO XV

Castração-divisão. O analista no lugar do objeto *a*

Em 5 de setembro, quando me vê, Marisa manifesta uma felicidade intensa, contida; seu estrabismo está acentuado.

Fica primeiro por quinze minutos no meu colo, segurando seu livro, colada a mim, inspecionando tudo.

Pega a caixa de pérolas, dá-me a chaleira e põe nela as pérolas uma a uma, sem qualquer traço de agressividade, até fazer cair uma pérola, que devo apanhar de volta. Dá-me, então, o recipiente cheio de pérolas e guarda o vazio.

Ao olhar-me, encantada, diz-me "Rosine tá aqui", depois repete com um tom furioso e, retomando o recipiente cheio de pérolas, verte-o sobre o assoalho. Desce de meu colo, vira as costas para mim e diz com um tom peremptório: "não, Rosine não tá aqui". Volta-se, feliz, encantada com o domínio que acaba de dar prova.

Vai sentar o boneco no berço e faz-me retirar a fralda, senta-o de novo no berço e ostensivamente, vai dar-lhe os presentes que não quer dar-me. Chega até a colocar um punhado de pérolas entre as pernas afastadas do bebê. Escande esta cena com "Rosine tá aqui", repetindo várias vezes, como se a presença do Outro fosse ligada ao que ele pode dar.

Exprime enfim sua agressividade contra mim, lavando primeiro a parede perto da minha cadeira, depois o traseiro do bebê.

Bruscamente, diz-me "descer, quero L.", a enfermeira a quem dirigia-se durante as férias e a quem pede para recolocar o alfinete de sua fralda, pois não quer pedi-lo a mim, para mostrar-me que, do lado da enfermeira, não lhe é pedido nada, aliás tanto como ela não quer pedir-me seja o que for.

Nesta sessão de retomada de sua análise, Marisa deu provas de grande domínio significante, particularmente da denegação.

Em 6 de setembro, contanto os grandes progressos de linguagem feitos por Marisa durante minha ausência, o que lhe permite não viver em bruto seus sentimentos, e sim exprimi-los de modo muito elaborado pela linguagem, com uma mistura de felicidade, malícia e humor.

Seguem-se três cenas, enquanto Marisa está no meu colo, depois de tê-lo pedido: 1) Uma em que entrega-me a caixa de pérolas dizendo: "dá bebê... não para Rosine". 2) Uma outra onde quer deixar apenas uma cama na casa para bem expressar minha ausência. 3) A última, onde olha longamente as figuras do livro, repete o nome de cada animal e detém-se ante a figura do peru, dizendo: "é isso, o peru", virando a página para voltar a ela. Pede-me o marinheirinho de borracha, toca sua boina, dizendo: "olha chapéu". Toca-lhe em seguida, nos olhos, no nariz e o pressiona cada vez mais forte contra a figura do peru, dizendo-lhe "olha peru". Estamos aqui ante uma representação muito simbólica da castração, entre o chapéu do marinheiro e a cabeça vermelha do peru. É nesta cabeça que bate em seguida com o marinheiro, antes dela própria fazê-lo, olhando-me. A imagem de castração do peru transmite sua ferida ao marinheiro. Ela o inspeciona, depois toca sua perna, dizendo-me: "Dodói na perna, bebê". Evoco minha ausência e ela diz-me: "Marisa tem dodói". Depois, novamente com o marinheiro no peru, numa divisão que insiste.

Na medida em que bate e pressiona o rosto do marinheiro contra a figura, e que o estrabismo de Marisa aumentou durante minha ausência, penso que nesta cena ela me indica a interpretação de seu estrabismo: recusar ver uma realidade muito sofrida que lhe é imposta, da qual se defende olhando apenas com um olho só.

Em 8 de setembro, o jardim de infância está muito agitado e Marisa chega com lágrimas nos olhos.

Retoma a cena do marinheiro e do peru, terminando, desta feita, por arrancar as páginas do livro, o que confirma a interpretação do estrabismo relativo a uma realidade insuportável. "Um olho não adiantava, pois você não estava aqui, teria ela podido dizer-me, e o peru tem um pescoço e uma cabeça vermelha, como se ele sangrasse".

Em 10 de setembro, ao subir ela diz: "lá em cima, Robert com Anne-Marie (a atendente)". Como Robert já teve sua sessão, digo-lhe: "agora Robert fica embaixo". Ela repete a frase duas vezes, feliz. Depois, assinala a ausência da enfermeira: "L. não tá aqui?"

No livro, detém-se ainda com o peru e bate-lhe com sua mão, olhando-me. "É isso, o peru?". Digo-lhe que seu interesse pelo peru, depois de meu regresso, deve-se ao fato dele ser o único animal do livro que tem uma cabeça e um pescoço vermelhos, como se estivesse machucado. Repassa uma a uma as figuras do livro, invertendo de propósito o nome dos animais, para denegar o que representa o peru. Antes de fechar o livro violentamente, bate ainda nesta figura, depois vira o livro para mostrar-me a figura do moço com o chapéu.

Assoa seu nariz com meu lenço, pede-me para colocar-lhe meu relógio no pulso e desenrolar as balas para comer.

Depois, novamente mostra-me o chapéu do moço, pede o marinheirinho para mostrar-me seu chapéu, depois sua perna, dizendo: "Bebê tem dodói na perna". Interpreto com relação a minha ausência e ao peru.

A referência ao olhar, sobre a imagem do peru, a reenvia aos meus óculos que pega, põe nela, em mim, nela novamente e, depois, no marinheiro.

O movimento de simbolização aparece quando designa um objeto dizendo: "quero isso" e logo depois "quero não", rindo, se aproximo dele minha mão. Interpreto como: o que ela deseja não é este ou aquele objeto, mas minha presença os torna desejáveis ou não. Falo de novo de seu estrabismo relacionado com a presença/ausência do Outro, que passa pelo olhar. Acrescento que ela procurou bastante este Outro, quando, durante minha ausência, ela se colocava a armação dos óculos ou que ao colocar meus óculos ela não fica vesga, mesmo olhando o peru.

Ao retornar, entrega-me facilmente a caixa de pérolas que levara, dizendo "para Rosine", entretanto, é mais difícil com relação a meus óculos e meu relógio.

Em 12 de setembro, como Nádia bloqueou a porta para impedi-la de vir à sessão, Marisa, ao subir, está encantada por ter sido a preferida. Mas seu triunfo é curto, pois, assim que vem para meu colo, mostra-me seu dedinho com um curativo, dizendo-me que ela tem dodói, e falando da enfermeira ausente por ter queimado a mão; Marisa coloca sua ferida em relação à do Outro ausente: "L. não tá aqui". Repete a seguir essa história de dodói do Outro, escondendo completamente, desta vez, o seu dodói com a outra mão.

Volta à figura do peru, recomeça a cena do dedo, pega o marinheiro, põe dentro de meu avental duas locomotivas e dois vagões, fazendo-me observar as rodas, e diz "Marinheiro tem chapéu... tem dodói... o moço [com seu chapéu]... marinheiro tem dodói na perna". Depois, passando à sua própria castração, recoloca locomotivas e vagões no lugar com um: "quero carro... não quero carro", pondo desta vez, claramente, o carro no lugar do objeto fálico, acentuando sua divisão.

Isto faz retornar uma pontinha de ciúme de Robert, e ela vai lavar a parede dizendo "não Robert". Depois, passa à castração do Outro, ao lavar meu joelho, agressivamente, com meu lenço ensopado, empurrando minha saia cada vez mais para cima, terminando por olhar debaixo dela. Está cada vez mais crispada lavando o chão com meu lenço, em direção à porta. Termina por fazer pipi em sua fralda no momento em que, acocorada diante da casa, brinca com a porta desta.

Essa sessão resume o que Marisa encontrou no decorrer de sua análise: um *Penisneid* e uma castração cujas fontes estão na ausência de um Outro, mais ainda, de uma pessoa cuja presença é de necessidade vital para se desenvolver e viver. Citemos a separação brutal e precoce de sua mãe, as múltiplas mudanças simbolizadas por coisas que rolam, a ausência da enfermeira com quem se identifica relativamente a mim, através do curativo, o sofrimento ressentido durante minha ausência, prosseguindo com a da enfermeira e devido a Robert, a localização do sentimento de ter algo seu arrancado, e de falta primordial na castração. Interpretei isso à medida que acontecia.

Em 13 de setembro, sua agressividade se expressa, primeiro, pela lavagem da parede e do chão, até a porta. Marisa pune-se disso através do boneco que pica violentamente com um alfinete, na barriga, no umbigo, na cabeça, nos olhos, terminando pela boca. Finaliza voltando esta agressividade contra mim, picando-me no braço — neste momento, ela não fica vesga.

Em 15 de setembro, espera muito por sua sessão. Vem para mim radiante e diz "cacá fralda". Fez cacá para fazer-me vir. Retiro logo sua fralda e ela fiscaliza o que vou fazer com seu cacá. Interpreto o dom anal como oferenda para que eu venha, pois estive com as outras crianças antes dela. Então, pede e aceita uma fralda limpa, uma fralda vazia, e olha o livro no meu colo.

Em 17 de setembro, surge um conflito com Robert por causa dos livros. Robert desceu com um livro e Marisa, furiosa gritou: "Quero livro

Robert!". Eu interpreto no sentido do presente para Robert e não para ela; então ela diz "lá em cima".

Na sala ela encontra o livro novo que lhe é destinado, cuja capa representa uma menina, enquanto que a do livro de Robert representa um menino. Ela diz, no mesmo instante, "descer"; depois de minha interpretação, responde: "Não, não descer". Vem para meu colo, pede o livro velho e o novo, mas, uma vez aberto este, joga-o no chão. Abre o velho, nomeia os animais trocando os nomes, bate no peru e joga-o no chão também. Nos meus braços, então, come as balas, dividindo-as comigo, ilusão antiga.

Ao partir, leva seu livro. Quase não fica vesga; suponho ser devido à sua expressão significante, extremamente clara, ao concluir dizendo "lá embaixo", designando a direção do consultório médico. Mas não vai até lá no momento que lhe lembro da época em que se recusava a ter sua sessão na mesma sala que Robert.

Em 19 de setembro, Marisa tem uma sessão calma, sem estrabismo, onde exprime sua afeição. Nos meus braços, faz-me beijá-la e me beija.

Olha novamente o livro, ouve a vizinha entrar sem reagir, depois sobe em sua cadeira para olhar a rua, mostrando-me, nomeando-os: as crianças, uma senhora, um senhor, sobre quem diz "foi embora... moço... chapéu".

Depois, faz um jogo com a vidraça, olhando através, beijando meu reflexo para, em seguida, beijar-me. Em suma, uma versão especular do reflexo na vidraça onde o Outro é, sucessivamente, reflexo e real. Ela torna a fechar a janela, mas ante o anúncio do final da sessão, diz: "não, não quero Anne-Marie... fica aqui"! Exprime, assim, o contentamento de uma ambivalência pontualmente superada, graças ao reflexo no vidro.

Pontualmente, de fato, pois, no decorrer das duas sessões seguintes, 20 e 23 de setembro, Marisa manifesta grande agressividade para comigo.

Em 20 de setembro, esta agressividade é talvez devida ao fato de eu estar tratando de uma nova criança. Quanto mais bate em mim, menos fica vesga; não percebo nela nem inibição nem angústia. Não posso levá-la para baixo para evitar que retorne, contra si mesma, sua crescente violência.

Sua ambivalência prossegue em 23 de setembro, ao estender-me os braços dizendo "Rosine, lá em cima" e, ao pé da escada, descer de meu colo dizendo: "Quero não, lá em cima". Precipita-se nos braços da enfermeira que passa, neste momento. Por um lado, é um modo totalmente simbólico de colocar em ato a presença-ausência; por outro, de colocar-me num lugar diferente do lugar do Outro, a que a atendente, agora, desempenha a função, com risco de que eu esteja no lugar do objeto que cai.

Em 25 de setembro, a separação de mim afirma-se logo, separação que ela começou com a atendente, dizendo-lhe: "não sopa". Quando pergunto se quer ir lá em cima, como única resposta estende-me as bolas que tem na mão dizendo-me: "arruma as bolas", ou seja, "ocupe-se com o objeto".

Depois, quando diz "lá em cima Rosine", é mais para localizar-me do que para dirigir-me uma demanda; sobe a escada sozinha, ajudando-se com o corrimão. Meu estatuto de objeto, enquanto localizado, é o que ela persegue ao chegar ao patamar, quando diz mostrando-me a sala: "de pé... Rosine sentada lá longe". Aqui, o "de pé" lhe concerne no patamar; eu não sou mais do que o objeto localizado no lugar do debate que conduziu até agora.

Quando sublinho essa separação, sua resposta não pode ser mais pertinente: "Marisa foi embora, Rosine aqui", inversão do abandono, numa dialética do objeto *a*.

Quando estou na sala, ela me chama para fazê-la descer de um murinho onde fez com que eu a sentasse, pega as balas na sala e volta para o murinho. Interpreto que, comer na minha frente ou junto de mim, hoje, não é o que ela busca.

Faz uma outra tentativa indo buscar a chaleira e a caixa de pérolas na sala, depois volta para o patamar. Então, chama-me para sentar junto dela para olhar as figuras de seu novo livro, o da menina. A seguir, retomando o significante "em pé", dá-me a caixa de pérolas e devo vertê-las em sua chaleira: seu estrabismo desapareceu completamente e ela diz, "para Marisa, pérolas Rosine". Eu a confirmo na posse destas pérolas para que tenha seu próprio corpo.

Manda-me de volta à sala e estabelece um discurso, o da separação, que concerne, desta feita, não apenas a mim, como também às enfermeiras: "Marisa foi embora... Rosine aqui..., L., I., K., aqui". Chama-me, sorri, e manda-me de volta para a sala dizendo: "K., sopa".

Quando lhe digo que vamos descer, responde-me: "quero não... ficar". Mas, ao final de cinco minutos, me chama e desce sozinha a escada, ajudando-se com o corrimão, chegando mesmo a não se apoiar nos cinco últimos degraus.

CAPÍTULO XVI

O final de análise

Em 27 de setembro, está ternamente nos meus braços enquanto subimos. Em sessão, sentada no meu colo, procura uma figura no livro para comentar. Aponta, primeiro, a da menina e diz: "menina como Marisa". Vira a página, aponta um menino e diz: "Menino sujo, porcalhão, fez cacá nas fraldas", depois mostra-me a figura de uma menina ao lado do menino, uma menina que brinca com a areia e diz: "Menina como Marisa, boazinha, brinca com areia, muito boazinha". Depois olha-me radiante.

Faz-me juntar os quatro carrinhos e colocá-los contra meu peito. Digo-lhe: "Você não gosta dos carrinhos — Não, Marisa não gosta dos carrinhos — Você quer que os guarde para assegurar-se de que eles não a levarão para longe de mim". Refiro-me ao seu medo quando ouvia os carros buzinarem na rua. Mas não se pode ter certeza de que aí não esteja em causa o valor fálico destes carrinhos do qual, ao confiá-los a mim, ela me torna guardiã, guardiã de um objeto, ao mesmo tempo não incluso no Outro mas que passa pelo Outro, ainda que como falta.

Aliás, esta falta, a da castração, ela a atribui ao cavalo, um cavalo de madeira, do qual diz que "ele tem dodói", tornando-me responsável: "Rosine fez dodói no cavalo", ou seja, eu o castrei. Teria sido deste mesmo modo que eu a castrei não lhe dando o que esperava ou, antes, pegando do cavalo, ou do pai, que ele representa, aquilo que me falta, o objeto do meu desejo?

É com isto que ela brinca, apossando-se de um biscoito para comer-lhe uma pontinha virada para a parede, depois, volta-se, mostra-me a ponta faltante e diz: "quebrado", rindo.

Vai até a janela para olhar lá fora e quer o impossível: ir passear no telhado. Diz "rua, carros, árvores". O que ela quer? Ela o representa, em todo caso, colocando o prato atrás da vidraça, de tal forma que não apenas a vidraça a impede de pegar o prato, mas que esse prato encontra-se no lugar da imagem virtual do espelho, isto é, "desrealizada"*.

Separa novamente seu espaço entre interior e exterior e mostra-me a sala, depois a rua, enquanto diz: "casa dentro, fora a rua". É o que implica a exterioridade ao Outro do objeto ou de seu significante, confirmando o lugar do carro enquanto falo, ao dizer: "não quero carro".

Da mesma forma, no final da sessão estende-me a página da figura do peru dizendo: "Quer não peru", ou seja, sua recusa desta imagem brutal de castração, excessivamente presente. Pode-se supor que ela alcança então a verdade da falta que não tem imagem nem positiva nem negativa, nem carro, nem peru.

Minha impressão, do ponto em que ela está, é de que lhe conviria mais atualmente uma vida em família do que um tratamento; digo-lhe isto.

Aliás, em 30 de setembro, ela se sente suficientemente livre para interromper a sessão após cinco minutos; indo merendar com os outros.

Resta-lhe entretanto, algum medo quanto ao desejo do Outro. A 3 de outubro, de fato, ela está afetada por um estrabismo muito acentuado, ao mostrar-me um nova boneca que uma enfermeira lhe deu, como se este presente recebido de outra pessoa que não eu conflitasse com a demanda de objeto que ela dirigiu a mim durante tanto tempo, no decorrer de seu tratamento. Mas, é preciso dizer, também, que esta boneca recebida, isto é, um representante de criança, jamais foi um desejo expresso para mim enquanto tal; portanto, a satisfação aí ligada desqualifica-me, de algum modo, e Marisa mascara o efeito disso, abrigando-se num lugar de criança, em meu colo, ternamente, enquanto subimos.

Na sala, faz pouco caso da grande poça d'água habitualmente deixada por Robert, vai verificar se o boneco está no berço — ele não está porque Robert o levou — ela não diz nada.

Restringe-se a uma montagem que constrói bem ativamente, dando-me ordens, onde sou a pequena e ela a grande. Faz-me, primeiro, subir à cama da sala de sessões e senta-se na beirada, de onde me domina, buscando

---

* Acompanhando o neologismo *déréelisée*, no original. (N.T.)

ajudar-me, e confirmando-me como a pequena. Ocupa, a seguir, a mesma posição dominante, sentando-se numa cadeira mais alta que a cama.

Pegando seus dois livros, dá-me o dos animais, especificando "para Rosine, peru", afetando-me, sem ambigüidade, com esta imagem de castração. Quanto a ela, desembaraça-se de tal implicação ao dizer-me, a propósito de uma figura do outro livro: "o menino é um porco, ele é sujo", e dando-me a página com ar enojado depois de tê-la rasgado. Esta é sua resposta a alguma preferência que eu teria, supostamente, por um pequenino portador de pênis. Sua agressividade, sua reivindicação só emergem no final, num "não, não quero jantar". Desce sozinha, visando mostrar-me que é ela quem me deixa, e não eu.

Os quatro dias seguintes, vejo Marisa com Nádia no quarto delas, devido a uma epidemia aftosa que não atingiu Marisa.

Nádia suporta mal este acoplamento, embora, em minha ausência, tenham me informado que se aceitam bem, exceto na presença de outras crianças.

Desde que cheguei das férias, Marisa cresceu dois centímetros e engordou 400 gramas.

Em 8 de outubro, é a última sessão no quarto. Inspeciona minha veste e cuida para que esteja bem fechada, a ponto de apenas introduzir nela um lápis e ir procurá-lo ali com alegria.

Diz-me: "Rosine, cacá quero penico". Trago-lhe um, mas ela o coloca no chão e sobe no meu colo.

Enquanto cuido de Nádia, Marisa pula e cai sentada sobre a cama várias vezes, rindo muito.

Em 10 de outubro, pôde entrar na sala de sessões, depois de dez dias. Quer a cadeira grande do patamar, de modo que, na cadeirinha da sala, fico menor do que ela.

Ao comer suas balas, começa a balançar-se muito forte: ela só tem esse sintoma inicial quando quer que eu fale. O que faço. Mostra, então, a ligação deste balanceio com seu estrabismo, que desaparece desde que falo, atingindo seu auge quando me calo. Ela, efetivamente, coloca balanceio e estrabismo em relação com a perda de seu Outro materno.

Falo longamente de seu balanceio no começo de sua análise, de sua evolução, do desaparecimento quase total de seu estrabismo antes das férias e de sua reaparição durante minha ausência e meu retorno, enfim, da breve doença que ela acaba de passar, sem complicações no ouvido nem diarréia.

A perda de seu Outro não era corte. O corte é o que ela faz ativamente quando termino de falar, enviando-me ao patamar dizendo: "adeus, Rosine". Depois, num movimento inverso, vindo ao patamar e reenviando-me para a sala, ela diz: "Marisa foi embora".

A reprise dos acontecimentos de seu tratamento prossegue nesta sessão, quando me pede um cabide que está no chão e recomeça seu balanceio, segurando-o como um círio e ficando extremamente vesga, o rosto rígido e o olhar vazio. Associo o cabide ao lápis que ela tirava de mim no início do tratamento, fazendo, portanto, referência ao caráter ilusório do objeto.

Ela o entende muito bem, pois foi ela quem colocou o objeto ém cena e exige imediatamente ir diante do espelho como para ali selar as dimensões do Um e da falta. Ela ali as encontra, de fato, ao tocar a parte posterior do vidro, sorrir para nossas imagens, virar-se para mim que a seguro, ainda sorrindo.

No final da sessão, começa a descer e continua falando; particularmente, ela negativa o que poderia subsistir de um objeto oral, conhecido quando de sua bulimia ou pela ingestão de qualquer dejeto, no começo do tratamento; ela diz: "Não, não quero janta", depois, diz alguma coisa parecida com o nome da enfermeira que cuidou dela durante as férias. Repito interrogativamente esse nome e Marisa, de súbito, pára de descer, seu rosto se enrijece como se acabasse de receber um choque. Depois, diz-me com violência: "Não L., L. foi embora". Falo de ausência de L. Penso que sua atual ausência poderia ser a causa destes balanceios e que Marisa me torna responsável por esta ausência e, portanto, pela de sua mãe.

Em 11 de outubro, ela vem para meus braços, com o estrabismo acentuado, pois esperou por um tempo demasiadamente longo sua sessão, devido ao jantar, onde não parava quieta.

Na sala, diz-me com um tom magoado que a luz está acesa, e pede para apagá-la. Digo-lhe que já é noite, e ela pede para acender novamente. Visivelmente ela está com medo, olha a lâmpada e diz-me timidamente: "Quero lâmpada".

Tudo se resolve enfim no significante "luz", oposto à noite lá fora, que ela olha. Não mais se interessa pela lâmpada, a resolução da cena tendo sido feita não pelo objeto cobiçado, mas sim pelo par de significantes: "luz... x", ou seja, a noite que ela olha.

Volta aos dois livros, o dos animais para mim, o das crianças para ela. Devo virar as páginas ao mesmo tempo que ela, enquanto tenta explicar-me as figuras de meu livro, isto é, representar meu papel. Isto não é gratuito, pois, enfim, ela mostra o moço que tem um chapéu, acrescentando: "Rosine, não chapéu" e: "Marisa, não chapéu", moderado por duas enfermeiras que cita como tendo um chapéu. Penso dever evocar uma família onde ela viveria, sem médicos, nem enfermeiras, longe do hospital.

Ela retorna às imagens do seu livro com crianças, denominando primeiro o menino e a menina. Detém-se na figura do banho perguntando-me: "Que é isso?"

Parece meditar sobre esta figura, depois, como se falasse consigo mesma, apontando o menino e a menina, diz: "menino... menina". A seguir, coloca várias vezes a pergunta: "que é isso?" e, finalmente, detém-se na figura da mãe, enxugando com o braço a menina que sai do banho. Verifica, ao mesmo tempo, onde está meu braço e quer minhas duas mãos visíveis. Lembro-lhe seu medo de minhas mãos, no início do tratamento, que associo ao que ela quer neste momento: vê-las para verificar o que fazem, como se temesse que minhas mãos lhe tirassem alguma coisa, pois, após as toaletes rapidamente feitas por várias pessoas, depois da separação de sua mãe — que a faziam reviver a sensação das mãos de que fora arrancada — as mãos tornaram-se, para ela, coisa que arranca. Falo do papel das mãos da mãe durante o banho das crianças pequeninas. Sua expressão fica menos grave.

Destaca as folhas de seu livro e as coloca, uma a uma, na bacia. Acrescenta na água o livro dos animais e me diz: "o livro n'água". Retira as páginas para enxugá-las cuidadosamente, com a ajuda de meu lenço, no meu colo.

De repente, com ar grave, diz-me "pipi". Recusa que lhe retire a fralda e digo-lhe ter ficado sabendo que ela só queria fazer pipi em sua fralda. Interpreto relacionando à cena precedente e ao papel das mãos dos adultos.

Depois ela diz "cacá", quer ficar com a fralda onde fez cacá, pede então, para tirá-la, muito interessada no que eu vou fazer com ela. Escuta-me atentamente sobre a questão do presente e, olhando-me face a face, diz novamente: "cacá", e acrescenta "quero penico". Ela quer que eu a sente no penico. Seu olhar está no meu, sem estrabismo. Quando termina, diz-me "pronto!" e, radiante, mostra-me o cacá que fez e coloca o penico em minha mão dizendo "cacá", como se me desse todo o ouro do mundo.

Falo demoradamente de minha alegria pela liberação que isto representa para ela. Marisa não tem nenhum estrabismo, nesse momento.

Mostra-me um pouco de cacá caído de sua fralda, antes, e o pego para colocar no penico. Ela quer que eu fique com o penico na mão até a sessão terminar.

A seguir, faz um jogo de encaixe-desencaixe. Depois, deita o marinheiro dizendo "dodô" ternamente e cantarolando. Está feliz e, por duas vezes, me diz: "Marisa menina", com uma tal entonação que só encontro uma explicação para tanto: depois do cacá no penico e sem estrabismo, ser menina não é mais, para ela, a conseqüência de uma mutilação. Eu lhe falo nesse sentido.

Ela aceita a saída e, ao descer, pergunta sobre algo que ouvimos: é uma música no rádio. Embaixo, diz "mais música".

Em 15 de outubro, manifesta-se a reação ao seu primeiro dom anal da sessão anterior.

Na sala, olha-me por um longo momento, imóvel, com acentuado estrabismo. Falo-lhe da sessão do dom, de sua expectativa hoje e de que fica vesga porque não ousa ver que está com raiva de mim.

Depois de um breve olhar para o penico diz-me violentamente "não". Interpreto seu medo de ser obrigada, hoje, a fazer um presente. Imediatamente seu olhar perde o estrabismo e ela vem bater-me com muita força no braço, dizendo "toma", cada vez que me bate. Digo-lhe que se fosse obrigada a dar seu cacá hoje, isso lhe arrancaria alguma coisa.

Plantando-se diante de mim, diz-me "fralda", unicamente para recusar com um "não" violento, que eu a retire.

Come um doce e observa a forma impressa nele por seus dentes. Mostra-me dizendo "pato".

Quando termina, diz-me: "Quero L., não K.". Ao descer, escuta um bebê chorar e, com o rosto desesperado diz-me "bebê chora". Respondo-lhe que ela chora pela ausência de L. Eu lhe falo sobre a doença de L.

No decorrer desta sessão Marisa, inicialmente, expressa sua agressividade muito forte contra mim, repassando o dom anal por conta da perda experimentada, perda que ela só pode recusar, enquanto tal. De fato, sua conduta explica-se, pois não pode receber nenhuma compensação desta perda, devido à ausência da enfermeira L. com quem, sabemos, fez uma transferência lateral muito importante e que está no lugar de sua mãe perdida, como o testemunha sua reação ao ouvir o bebê chorar.

Uma tal reação é a marca do retorno de Marisa ao que ela abordou de mais primordial em seu tratamento: a perda de sua mãe com quatro meses de idade.

É o que ela vai continuar a pôr em cena, em 16 de outubro. Primeiro, apaga a luz, depois, olhando a noite lá fora, pela janela, torna a acender sem se deter por muito tempo ao que havia sido resolvido.

Ela quer, então, que a coloque no colo e que eu coma o pato — dizendo "dentro pato", enquanto ela come as balas. Sabemos que o pato representa uma figura arcaica da criança por nascer e há que se notar a simetria entre o pato, para mim, e as balas, para ela.

Faz colocar meu relógio em seu pulso, escuta o tic-tac e toca seu avental na altura do umbigo. Que objeto meu relógio representa neste momento, na medida em que ela não sabe de qual de nós duas ela quer que seja? Uma criança? No final, ela opera o corte indo colocar o relógio a cavalo na borda da cama.

Um corte se faz também comigo, quando me envia para fora e fecha-se sozinha na sala, onde a ouço apagar a luz e só voltar a acendê-la dez segundos mais tarde, evocando o hábitat pré-natal.

Quando me deixa entrar na sala, é para alimentar-me, dando-me duas colheradas do prato de mingau. Repete esta cena de minha saída e entrada para alimentar-me, mas, desta vez, lambe a colher depois de mim. Alimentar-me era apenas a projeção de seu desejo de ser alimentada, como ela tantas vezes demonstrou.

A alimentação não é, entretanto, puramente regressiva, pois estende-me logo o coelho, fazendo-me observar suas grandes orelhas, e dá-lhe de comer.

Em 22 de outubro, eu a encontro subindo para a sessão com uma outra criança. Ela desce com uma enfermeira e está toda cacheada, pois colocou rolinhos nos cabelos. Eu elogio seu penteado e ela fica muito contente. Neste momento, ela não tem reação, nem estrabismo, mas, quando venho buscá-la, diz-me: "Não quero subir lá em cima, Rosine". Como não insisto, ela volta atrás: "Quero subir, Rosine". Na sala diz: "Não quero balas, mas quero cadeira grande lá fora." Tal como nas sessões precedentes, ela se encontra mais alta que eu.

A seguir, monta uma cena em torno da fralda molhada, representada por meu lenço ensopado, que lhe serve para envolver o bebê inteiramente, inclusive a cabeça. Coloca-o assim no meu colo, fazendo-me constatar que as duas mãos do bebê estão bem debaixo do lenço; interpreto falando de suas explorações por baixo de sua fralda molhada, para saber se é menina ou menino, e de seu desejo de só fazer pipi em sua fralda, para conservar o que ela acha que perde com este pipi. Recoloca a fralda normalmente no bebê, mas serve-se dos alfinetes para picar-lhe as nádegas dizendo: "Bebê tem dodói bunda... moço fez dodói bunda... dodói orelhas". Evoco-lhe todos os cuidados que sofreu e lembro-lhe as compressas quente que lhe colocavam sobre um abscesso na nádega, logo no início de seu tratamento analítico.

Ela desce levando o bebê e cantando.

Em 24 de outubro, nos meus braços, ao subir, acaba de comer uma laranja. Na sala, apoiada na cama, seu estrabismo se atenua até desaparecer. Observa a forma diferente dos doces e diz que são redondos.

Começa, a seguir, uma longa cena onde me dá ordens dizendo "não", e fazendo ela mesma o que me ordenou, de modo que sua identificação cede lugar a seu poder sobre o objeto que fez de mim.

Retoma o livro para dizer quem é menina quem é menino, buscando a figura do banho. Diz claramente "menino", referindo-se à criança na banheira, mas, quanto à menina de camisola, ela pergunta "que é isso"?

Na figura seguinte, mostra-me a calça do menino, mas leva tempo para nomeá-la e dizer: "calça". Voltando à figura do banho, fixa a camisola, seu vestido, e o meu, debaixo do qual tenta olhar.

A questão, portanto, da diferença dos sexos permanece ainda em suspenso; ela retorna à figura da mãe, fazendo-me perguntas relativas ao que eu digo sobre o que é ser mãe, sempre tocando seu avental, depois de ter tocado no meu, fazendo deste traço identificação.

Pode dizer-me, então, que o menino chora porque a toalha, na figura, esconde a metade do rosto dele e, com ar consternado diz "um olho", depois "mamãe foi embora". É a interpretação de seu estrabismo. Ela fez, portanto, a separação entre o fato de ser menina ou menino e o fato de ter perdido sua mãe, visto que é o menino a quem ela atribui este fato.

Folheando o livro, depara-se com a figura de uma menininha que colocou óculos para brincar. Ela o observa imediatamente, olha para mim, diz: "dodói, mamãe foi embora", depois "Marisa tá aqui... Rosine tá aqui".

No final, embaixo, senta-se num degrau do lado de fora; havia chovido. Põe sua mão no molhado e estende-a para mim com ar suplicante, dizendo-me que está molhada. É o deslocamento de sua demanda ligada à fralda molhada e a constatação em sua fralda que ela é uma menina.

Em 28 de outubro, a enfermeira retorna das férias e Marisa não a deixa mais. Esta enfermeira, porém, cai na escada. Marisa lhe diz: "Caiu L. fez dodói na bunda". Vendo que esta não se levanta de imediato, Marisa vai buscar Robert e lhe diz: "L. caiu... fez dodói...vem!" E cada um deles dá a mão à enfermeira para ajudá-la a levantar-se. Serei informada desta cena após a sessão.

Como eu não a vi na véspera, Marisa diz, "não", não para mim, mas para uma enfermeira: "não quero subir com Rosine". Digo-lhe por que e, muito alegre, ela me diz: "Quero subir lá em cima, Rosine".

Na sala, coloca a casa no patamar dizendo: "não quero casa, fora casa", desinvestimento absolutamente claro da sala de sessões.

Projeta em mim sua bulimia, enfurnando-me doces na boca. Digo-lhe isso e ela faz-me comer normalmente.

Pega o boneco, passa um dedo em sua fralda e diz que ele está com dor nas nádegas; faz-me retirar essa fralda e recolocá-la dizendo "calça", evocando assim a castração do bebê, sobre o fundo de não ser ele castrado.

Evoca de memória o passado retirando minhas mãos de meu avental e colocando-as de cada lado de meu corpo, como no começo, mas é como uma lembrança; ela não tem mais medo e recoloca minhas mãos no lugar.

A última cena da sessão relaciona-se com a voz de Robert, que ela escuta chamar a atendente. Num primeiro momento, deixa cair o berço, dizendo ao bebê — Robert — que ele é mau. Eu interpreto. Então, ela diz ao bebê que ele é bonzinho — como "Marisa, boazinha menina" — e põe na cabeça dele um véu, como o das enfermeiras.

A 30 de outubro, subindo, diz nossos nomes "Rosine... Marisa", com ar feliz. Seus progressos de linguagem são importantes e, se ainda não diz "eu" (*je*), ela me diz "tu", e emprega a terceira pessoa, assim como os adjetivos possessivos, com discernimento.

Pega o boneco dizendo "menino" e "calça".

Quer meu relógio para escutá-lo e diz não ouvir com uma das orelhas — como um só olho? — mas, como eu lhe digo que ouço com minhas duas orelhas, diz-me que ouve também. Molha sua mão na bacia e passa em meu peito, depois de ter afastado minha veste e minha camisa.

Em 1º de novembro é a última vez que a vejo em sessão. Tira a roupa do boneco, e quer recolocá-la como uma calça. Não consegue e deita-o no berço, colocando a roupa como uma coberta. Ela faz do sexo o que dele se diz.

No livro, mostra a menina com óculos, pega os meus, coloca-os, depois recoloca-os em mim, querendo que eu não retifique a posição deles.

Desce no meu colo com seus livros. Robert, que subiu sozinho, segue-nos e pega do chão os livros, que escapuliram das mãos de Marisa. Ela fica radiante.

Conclusão

O tratamento de Marisa, que tem 26 meses de idade, ainda um bebê, conduz à conclusão de que: "em relação à instância da sexualidade, todos os sujeitos estão em igualdade, da criança ao adulto — que eles só têm de se haver com o que, da sexualidade, passa para as redes da constituição subjetiva, para as redes do significante — que a sexualidade só se realiza pela operação das pulsões, no que elas são pulsões parciais, parciais em relação à finalidade biológica da sexualidade".[1]

Não se trata de sexualidade diferenciada segundo critérios anatômicos, mas sim de "sexuação", de acordo com o termo mesmo de Lacan, quer dizer, da passagem da pulsão à sexualidade, ou ainda, da passagem do objeto *a* da pulsão ao significante fálico da sexualidade.

Lacan sublinha o peso da pulsão em toda análise: "não há nenhuma necessidade de ir muito longe numa análise de adulto, basta ser um analista prático com crianças para conhecer esse elemento que constitui o peso clínico de cada um dos casos que temos que manejar, e que se chama pulsão".[2] A pulsão tem duas vertentes. A primeira insere-se numa referência orgânica, oral, anal, olhar, voz. É a vertente do objeto *a*, que é o resto, no real, da constituição do sujeito no significante. Lacan, no Seminário[3], acentuou que a pulsão contorna o objeto, mas que o objeto, enquanto tal, é irrepresentável e inatingível. Entretanto, ele guarda uma relação fundamental com o significante, o significante unário S_1, nós o veremos, aquele nomeado por Lacan como o significante da "alíngua". A segunda vertente constitui o suporte da primeira relação amorosa mãe-filho, onde a mãe, objeto de apelo, é simbolicamente definida por sua presença-ausência pelo *Fort-da*. Os dons da mãe são signos de amor, na condição de não serem anulados pelos objetos da necessidade, quando ela o satisfaz — este é, particularmente, o caso das crianças que vivem em instituição, das quais só as necessidades são satisfeitas, sem uma relação ao Outro.

É isso que "permite", diz Lacan, "colocar a pulsão como tesouro dos significantes, sua notação como ($\$ \diamond D$) mantém sua estrutura ligando-a à diacronia. Ela é o que advém da demanda quando o sujeito nela se desvanece."[4]

Por estas duas vertentes não se pode, portanto, fundar a noção de desenvolvimento — que Lacan denunciou — numa sucessão de estádios libidinais definidos pela prevalência de um objeto oral, anal, ou fálico. Muito mais essencial é a articulação estrutural entre o objeto *a* da pulsão na vertente do real, e o objeto fálico na vertente do significante, duas vertentes prefiguradas desde o começo, na relação entre o objeto *a* e o significante unário.

O termo "sexuação" implica essa relação a / -φ, onde a passagem de um ao outro se faz, certamente, mas não sem uma remanência do primeiro termo na dialética do segundo.

Freud liga o despertar da sexualidade ao conceito fundamental da pulsão: "É durante o prazer da sucção que a criança descobre a zona genital, fonte de prazer, pênis ou clitóris. Deixarei em aberto a questão de saber se a criança toma, de fato, esta fonte de prazer há pouco adquirida a título de substituto do bico do seio materno recentemente perdido. Enfim, a zona genital é descoberta de um modo ou de outro, e não parece justificado atribuir às primeiras atividades que estão relacionadas com ela um conteúdo psíquico."[5]

Se Freud põe em dúvida o conteúdo psíquico destas primeiras experiências indica que, aos seus olhos, um certo real do corpo não faz parte do psiquismo. Ora, no ser falante, o real do corpo só existe imaginarizado e já no simbólico, pelo fato dele inscrever-se na linguagem onde, antes de mais nada, instaura-se para o sujeito sua relação com o objeto, ou seja, o objeto *a*, que está em causa desde o começo e é a-sexuado.

Freud, de fato, colocou em 1923 o primado do falo, passo decisivo da psicanálise, mas será preciso esperar Lacan para fazer deste falo um significante, e uma falta. Na ausência disto, Freud ficou não-somente reduzido às categorias reais de macho e fêmea, mas também encurralado num impasse: o da análise sem fim. De fato, se do lado macho a castração torna-se o rochedo que disse, do lado fêmea, o *Penisneid* faz um fechamento.

Mais ainda, lendo-se os dois artigos de Freud: "Sobre a sexualidade feminina" de 1931[6] e "A feminilidade"[7] de 1933, vemos que ele sublinha inicialmente a ligação primordial da menina com sua mãe, numa fase que chama pré-edipiana, com uma fixação possível e mesmo um complexo negativo com o pai, enquanto rival perturbador. Não há, então, diferença entre o menino e a menina, e Freud diz claramente que a sexualidade da menina é masculina, que a menina é "um homenzinho".

Contudo, de saída, no que concerne ao despertar da zona genital, Freud opõe o pênis e o clitóris como órgãos, que apenas o falo simbolizará: daí resultam a inexistência da vagina e uma não-complementaridade sexual, com tudo que isso pese aos autores anglo-saxões. Quer dizer que a menina, tal como o menino, determinam-se em relação ao falo numa bissexualidade original, fora de qualquer simetria sexual.

Desde a primeira sessão, Marisa mostra não estar na aurora do sujeito, mas sim inteiramente na fase fálica. Seu pipi de pé testemunha isso antecipando o que se vai tratar durante toda sua análise. Segue-se logo a reivindicação que me dirige, ou o *Penisneid*, tanto sob a forma de: "Algo me falta... quero ter isso", quanto "O Outro materno me deve isso", expresso pelo lápis que retira de mim a partir do nosso encontro.

Que todo ser seja fálico; é o que diz Marisa ao fazer sua exploração debaixo da saia da boneca, e mesmo sob a minha própria. Nisto, ela se vai juntar à posição do pequeno Hans; mas ele é um menino, para quem é absolutamente necessário que todos tenham um pênis como ele, a fim de não correr o risco de perdê-lo. Marisa, todavia, sabe muito bem que não o tem, e considera-se como castrada em relação aos meninos que agride. Na medida em que seu debate com o *Penisneid* primário entra imediatamente em ressonância com o campo pulsional dos objetos da demanda, sua questão volta a se dirigir a quem não o deu ou privou-a dele, isto é, o Outro materno.

Este pênis faltante aparece num primeiro tempo como objeto perdido sob forma de um dejeto, pedaço de curativo ou velha crosta de pão que leva à boca. Ela dispunha deste dejeto em sua solidão, antes de encontrar-me, mas desde as primeiras sessões dirige-me este dejeto, seja afastando-se de mim para ir buscá-lo sob meu olhar, seja tomando-lhe o lugar, afastando-se de mim para se balançar.

Marisa exprime este relacionamento entre o objeto *a* e o pênis na sessão em que, após ter em vão buscado o pênis debaixo da saia da boneca, e depois da minha, rebate-se sobre o objeto do Outro, do qual me faz portadora: o seio que procura afastando minha blusa para enfiar sua cabeça em meu peito. Ela mostra imediatamente que o estatuto deste objeto não é, de modo algum, oral, no sentido do alimento: de fato, desvia-se dele para pegar um de meus dedos, que aperta, larga, retoma e segura por um longo momento em sua mão. Ela passa, assim, do pênis ao seio, depois retorna ao dedo enquanto objeto suporte e símbolo da dimensão do sexual.[8]

O objeto da pulsão aparece aí não específico, pois o seio oral — ligado à satisfação da necessidade — já está perdido. Do mesmo modo, a mamadeira que Marisa encontra, duas sessões mais tarde, não será para ela um objeto oral — e não o será jamais no decorrer de seu tratamento. Entretanto, a angústia que demonstra diante deste objeto situa-o no nível de uma falta que viria a faltar.

Ele se atesta enquanto tal, desde o início, inatingível. Marisa só pode tentar quebrá-lo ou ainda velá-lo para privá-lo de seu real, ou seja, para não vê-lo. Confrontando nossos aventais, o dela e o meu, ela privilegia este véu por onde se faz a passagem do objeto pulsional para um objeto sexual. Desde então, a passagem entre os dois tipos de objetos — que se pode escrever $a/ -\varphi$ — prefigura o campo onde Marisa vai inscrever seu *Penisneid*, o do significante.

O impacto do significante aparece muito cedo no tratamento de Marisa.

Na primeira vez, o significante "lolô" que enuncio, colocando a palavra numa música que ela cantarola, a deixa siderada. Por quê? Por ele fazer irrupção, através da minha boca, na cançãozinha da qual ela goza: é um S_2 que faz ponto de basta ao S_1 de sua canção. Este S_2 não introduz o sentido simbólico, mas presentifica o objeto oral primordial, aquele que ela perdeu e que recusava sob a forma da mamadeira. Então, pode representar simbolicamente este objeto inatingível através do lápis, que chupa, no início, colocando depois por três vezes entre suas pernas, contra sua fralda, em lugar da ausência. Faz novamente a passagem de um objeto pulsional, sob a forma do significante do objeto perdido que eu digo a um objeto sexual, meu lápis que ela manipula.

A segunda vez, é ela mesma quem diz seu significante enigmático "cho-cho-cho"; fica encantada por acoplá-lo ao significante "cacá", que lhe disse. Desta vez, meu significante faz S_2, mas sobretudo ele chega sobre seu "cho-cho-cho", que faz S_1, enquanto ela o articula. Se ela não fica siderada desta vez por meu significante, é porque ele pode representá-la para o seu. Se há dois significantes, o segundo pode já representar o sujeito para o primeiro, e mesmo apagá-lo. É o que mostra Marisa, desde a sessão seguinte, com seu "cacá-cho-cho", holófrase onde seu S_1 já está amputado do terceiro "cho".

Resumamos o acesso de Marisa ao significante. A manifestação que ela dá, no início, através de seu pipi, de pé, não é uma forma significante, mas sim orgânica, uretral. É o que melhor corresponderia ao que Freud chamou "*Penisneid* primário", que faz referência ao órgão; pode-se, todavia, ver rapidamente que Marisa engancha esta ausência real a uma representação quando procura, na boneca, o que ali não encontra, o que não há. Seu movimento de busca e desapontamento faz passar este "não há", da ausência real, a um "poderia haver", inscrevendo a ausência sob um fundo de presença. Podemos reconhecer aqui, nesse bebê, o enlaçamento do "não há" real, do "eu quero isso" imaginário, e do "poderia haver" simbólico.

Mas como poderia o órgão estar em causa, no começo? Citemos Freud, referindo-se, primeiro, à sensação orgânica da zona genital como fonte de prazer, e religando-a ao prazer da sucção. A ligação da zona genital ao bico do seio materno, que Freud interroga, pode ser considerada como a matriz do que será a metáfora. É verdade que são necessários dois tempos; o primeiro onde coexistem prazer da sucção e prazer da zona genital, e o segundo, que é condição de substituição metafórica, onde o prazer da zona genital vem em lugar do prazer oral, cujo objeto — o bico do seio materno — já está perdido. Não poderíamos estar surpresos, quando Freud coloca em dúvida o conteúdo psíquico, por lhe faltar o que Lacan conclui: o inconsciente é estruturado como uma linguagem?

Entretanto, para que a substituição aconteça — Marisa nos mostra — é preciso que a passagem ao significante, a "significantização"* do pênis em falo, se faça sobre o fundo de uma perda, de uma mutilação, isto é, sobre o resto da operação, o objeto *a* enquanto perdido, mas também enquanto gozo inatingível.

Robert, o Menino do Lobo, assujeitado à identidade do real e do significante, faz de seu significante um real que lhe barra a via do simbólico, onde inscreve-se normalmente a perda do objeto *a*; como efeito disto, ele funda sua perda sob a forma de sua mutilação real. Acrescentemos que esta mutilação, ele a tenta em benefício de seu Outro, que deve

* Acompanhando o neologismo — *significantisation* — no original, isto é, tornar significante. (N.T.)

permanecer absoluto, não descompletado, pois, no real, nada pode faltar. Apenas o simbólico pode ter falta, quer dizer, ser o suporte da dimensão da morte. No real, o Outro está em perigo de morte se ele é desfalcado, e é pela culpa que o psicótico se devota à sua salvaguarda.

O debate para Marisa só começa quando ele tem um Outro. Contrariamente ao psicótico, ela não está encarregada deste Outro no simbólico. Ele está no lugar para onde se endereça sua questão, sua demanda, a do objeto que ela já perdeu, o *a*, mas do qual ela torna o Outro portador e, do lado do significante, o significante unário S_1, que ela coloca com seu "cho-cho-cho". Portanto, para ela há, claramente, não identidade do real do significante, como há para Robert, mas acoplagem do *a* no campo do real e do significante S_1. Esta acoplagem, como se verá, faz-se em referência ao gozo.

O que conota, de fato, este significante enigmático "cho-cho-cho" de Marisa é o tom suplicante em que o diz, estendendo para mim seus dois dedos indicadores, um tom que faz dele, de algum modo, uma demanda dirigida a mim e leva a acreditar na aproximação, senão identidade, entre seu significante S_1 e o objeto do qual me faz portadora, *a*, que até aquele momento motivou sua demanda. Demanda malograda, pois o objeto já está perdido, mesmo se ela o localiza no meu corpo, como na sessão de 7 de novembro, quando afasta minha veste e camisa. Não é o caso do S_1 que ela diz, que vem do Outro, do Outro que fala, do Outro do significante, mesmo se este signficante não tem sentido nem representação. Capta-se neste significante primordial "cho-cho-cho" de Marisa, seu caráter, não de comunicação, mas de puro não sentido. Assim é a primeira manifestação significante que Lacan designou como a da alíngua. Marisa não duvida que este significante venha do Outro e mostra-se encantada por ter essa confirmação, dada pelo significante "cacá" proposto por mim interrogativamente, enquanto ela olha com insistência para o penico. Meu significante tem função de S_2; ela se apodera dele e sabemos que na sessão seguinte ela vai acoplá-lo ao seu S_1, antes que este seja completamente apagado na operação, exceto por ter aí introduzido a dimensão de um sentido ligado ao não-sentido, isto é, ao inconsciente.

Desta vez, o significante "cacá" pode representá-la para o S_1 que acaba de reintroduzir e, se ela ficou encantada, é porque o S_2, que conhece há muito tempo, não é mais um comando, e foi lançado pelo S_1 na conta da representação e, portanto, moderado quanto ao gozo do Outro. A função de puro não-sentido do S_1 abole o sentido do S_2 e introduz assim, no campo próprio da alienação significante, esta abolição do sentido que Lacan correlaciona à liberdade. Do mesmo modo, esta ausência de sentido faz falta quanto ao objeto, faz dele uma falta de objeto.

Marisa nos esclarece aqui a questão da patologia das crianças pequenas em instituição hospitalar, cujo funcionamento corporal é submetido apenas a um S_2 que faz mandato "come!...", "vai pro penico!..." ou "dorme!...", tudo concernindo o grupo das crianças. Resultam daí sintomas psicossomáticos de bulimia — raramente anorexia, pois esta já é resposta de sujeito — e de uma diarréia mais ou menos permanente, com numerosas evacuações cotidianas. O S_2 isolado que vem do Outro tem um efeito de real psicossomático, na ausência do substituto do significante primordial S_1 e do efeito de afânise do par significante que faz sujeito (S_1-S_2), por alienação.

A introdução de um significante S_1 por Marisa, que no campo da demanda se acopla ao objeto *a*, poderia questionar a relação do significante com o objeto *a* enquanto resto não "significantizável", ou seja, o real. O que faria então diferença com Robert, para quem há identidade entre o significante e o real? Podemos responder que, para Marisa, por um lado, o S_1 prende-se ao real apenas de um modo efêmero, na expectativa do S_2 que o apaga e, por outro lado (...) seu acesso ao objeto *a* é inteiramente diferente: para Robert, este objeto, não importa qual seja, produto de corpo ou corpo, deve retornar radicalmente ao Outro; enquanto que para Marisa, entretanto, se o Outro é suposto ser o portador, ele permanece inatingível em seu registro de real e só aparece como um semblante (*semblant*).

Para Marisa, então, o objeto *a* já está perdido e é o que permite escrever para ela: $\$/a$. Depois, vimos que a aparição do significante, do S_1 de Marisa e de meu S_2, permitiu-nos escrever a sucessão de matemas até a fórmula do discurso histórico:

$$\frac{\$}{a} \rightarrow \frac{\$}{a} \rightarrow \frac{S_1}{\quad} \rightarrow \frac{\$}{a} \rightarrow \frac{S_1}{S_2}$$

Se retomamos a identidade, que acabamos de discutir, entre S_1 e *a*, seguindo Lacan, vemos desenhar-se uma primeira diagonal que engloba o significante unário no lugar do Outro do qual ele saiu, e o *a* cujo Outro é suposto portador, no lugar de verdade na fórmula do discurso histórico:

$$\frac{\$}{a} \rightarrow \frac{S_1}{S_2}$$

São os termos do gozo prévio, que Lacan colocou no lugar do auto-erotismo, para dar conta do interesse do bebê pelo mundo exterior, em lugar do narcisismo primário, que recusou radicalmente. Freud dizia ser necessário acrescentar-se algo a mais ao auto-erotismo para chegar a este narcisismo. Vemos que, com esta noção de gozo prévio, este algo não está longe de aparecer: é o Outro do significante com o S_2, enquanto operador.

Até aqui, não há diferença de sexuação segundo os modos masculino e feminino, em razão do *a* e do significante unário serem a-sexuados. É preciso, portanto, esperar a falicização do debate tal como Marisa. Esta comporta uma referência ao falo simbólico Φ — ali onde o significante faz símbolo — que implica logicamente o trabalho simultâneo da metáfora paterna. Sabe-se, de fato — o Menino do Lobo nos demonstrou — que todo sujeito ao permanecer no pênis-órgão, isto é, Φ_0 do esquema I de Lacan,[9] está em estado de foraclusão do Nome-do-Pai, sem que se possa desembaraçar a precessão do Φ_0 ou da foraclusão do Nome-do-Pai. Sem dúvida, quando a falicização, isto é, a passagem ao significante do lugar do Outro se produz, ela coloca o Nome-do-Pai: o significante é o Nome-do-Pai. É o que acontece com Marisa, cujo *Penisneid*, intricado com os objetos *a*, não deixa de tomar lugar também numa dialética fálica pela significantização*. É, então, a outra diagonal do discurso histérico, que deve ser interrogada ($\$.S_2$), ou seja, o sujeito barrado enquanto dividido pela perda experimentada, tanto do lado de *Das Ding*, quanto do que disso resta na relação do sujeito com os objetos da pulsão.

Quanto ao S_2, muitos níveis revelam-se na análise lógica. Tal como o S_1, ele vem do Outro, mas nem por isso faz mais parte dele do que o objeto do começo. Se este é portador deles, isto é suposição e o corte não passam entre o pequeno sujeito e o objeto, mas sim entre o objeto e o Outro, cujo significante é o revelador. De quê? Do desejo da mãe enquanto mediadora simbólica do Outro, a mãe que, diz Lacan, "tira seu desejo do anonimato nomeando-o, 'homeando-o'**", humanizando-o, substituindo em seu discurso o significante enigmático de seu desejo pelo significante do Nome-do-Pai. S_2, enquanto não incluso no Outro, mas sim separado, propicia a passagem do objeto *a* ao falo.

---

* Seguindo o neologismo francês *significantisation*, no original. (N.T.)

** Seguindo o jogo de palavras de Lacan, pela homofonia entre elas: *en le nommant, en le n'hommant*, no original. (N.T.)

A nominação, desde que não dissimule o enigma da causa do desejo, faz a passagem desta ao falo como o que falta à mãe ($-\varphi$): ela faliciza a causa do desejo $a/-\varphi$. Pode-se ver, com Marisa, esta passagem de *a* para $-\varphi$, entre a demanda oral ao Outro e a demanda anal do Outro. Ela faz desta última demanda, a do Outro, através de uma inversão do vetor da demanda, a fonte em filigrana do significante da falta no Outro, já que ele tem, justamente, uma demanda.

Esta obrigação imposta ao sujeito pelo desejo do Outro de se referir ao significante "falo" — com a qual ele deve estar em igualdade por uma acesso problemático à metáfora paterna — condiciona a sexuação propriamente dita sobre a diagonal $\$.S_2$. Esta diagonal é a do gozo fálico introduzido pelo significante do desejo da mãe, onde o pequeno sujeito se articula à lei do pai e por onde se efetua a passagem do objeto, ou antes, da falta de objeto para o significante.

Sabe-se que no caso de ausência de um tal significante, o sujeito, seja qual for seu sexo, só pode votar-se como objeto *a* ao serviço sexual da mãe e ser apenas o objeto de seu gozo fora do significante.

Retomemos agora estas duas diagonais que podemos assim qualificar: a primeira ($S_1.a$) como a do gozo prévio, e a segunda ($\$.S_2$) como a do significante e do gozo fálico.

O devir da segunda diferencia a sexualidade masculina e feminina pelo viés do "ter": ter o pênis ou não, que desempenha a função de localização do gozo.

Ao considerar-se como privada do pênis, a menina nem por isso sucumbe ao obstáculo da posse do órgão real. Ela recorre ao leque de abordagens sucessivas, e mesmo intricadas, de presença e ausência, ausência nela, presença no outro.

A abordagem pulsional, por estar na origem, não é primeira, mas torna possível o debate quanto à ausência de falo, certamente real, mas onde o imaginário acha seu lugar sob a forma inconsciente "castrado/não castrado", pelo menos na relação especular intermitente com a mãe suposta fálica. A esta, que faz o Um, é que pode endereçar-se a demanda de um falo, por ser suposta tê-lo dado ao irmão. Não é tanto o que o irmão pôde ter, mas sim o que este Outro materno deseja, que define, ao mesmo tempo, o significante da metáfora paterna, e a mãe como castrada.

Um último elemento aparece no final da seqüência capital dos dias 19 e 21 de dezembro: pela primeira vez, Marisa enrola seu avental sobre a barriga nua, até acima do umbigo, olhando-me. Se ela chegou, na transferência, a situar sua inveja do pênis no significante do Outro, quer dizer alcançar a falicização, um resto permanece, o umbigo, como cicatriz da relação com sua mãe definitivamente perdida, ou seja, mais além do significante, como representação limite.

Sabe-se a importância do termo "umbigo" para Freud, sobretudo como esta parte do sonho que não é significantizável, portanto impossível de conhecer em qualquer formação do inconsciente. É como se Marisa, que acaba de realizar este salto no significante, me lembrasse o real de seu ser através desta cicatriz do traumatismo da separação de sua mãe, *Das Ding*, como Freud chamou. Lacan sublinhou a aproximação deste como objeto perdido, ao mesmo tempo o mais íntimo e fora do sujeito enquanto resto de sua divisão, qualificando-o deliciosamente de "extimo".

Vimos que o estrabismo de Marisa tinha a ver com esta "extimidade". Ele é, de fato, a vertente real, sintomática, no corpo, da perda do objeto primeiro, *Das Ding* ou a mãe, vivida por Marisa de modo brutal, com a idade de quatro meses. Ele está ligado a um "não ver", ou seja, ao recalcamento do Outro enquanto perdido, num registro simbólico, portanto na vertente fálica, e à escotomização da presença do Outro primordial, sob a forma de uma cegueira histérica, de uma conversão como proteção contra o objeto perdido, que faz irrupção no real. Ele não concerne mais à visão exterior, e sim à sua função na fantasia. A variabilidade de seu estrabismo na sessão é apenas o sinal da lenta elaboração da relação de Marisa com seu Outro, onde o significante vem tomar o lugar do real, em lugar do Outro, quer dizer, sempre *a*/-φ. Do mesmo modo, notei a desaparição completa deste estrabismo no momento em que Marisa, sentada no penico, salmodia durante dez minutos, sem nada fazer, o significante "cacá" lançado por mim.

Pode-se opor a importância do efeito do significante para Marisa à retenção do Menino do Lobo, retenção paradoxal que incide sobre o significante, que ele se abstém de dizer, mas seu olhar, contudo, torna-se normal pela primeira vez, por um breve momento.[10]

Evocamos a metáfora como condição essencial da passagem de *a* à -φ. Foi a sessão capital de 19 de Janeiro, cujo desenvolvimento estrutural podemos retomar com os *Vorstellungsrepräsentanten* que Marisa põe em jogo.

No início faz da vassoura de modo muito, ou melhor, extremamente claro, um representante fálico. Após o alerta representado pela tentativa de Robert de tomar a vassoura, ela se desvia e parte em busca de outra coisa: uma xícara vazia num pires. Como conceber o que conduz Marisa, de forma tão segura, da vassoura a esta xícara? Alguma coisa que não sabemos. Saberá ela? Ainda não, pois é preciso que, do meu lugar, eu complete a metáfora colocando açúcar na xícara que ela me entrega.

Por que o açúcar que coloco na xícara torna-se metáfora da vassoura e por que Marisa não pegou meu lápis como freqüentemente o fazia? O lápis fálico teria duplicado a vassoura, sem um afastamento suficiente para permitir a substituição metafórica. A duplicação torna-se real, enquanto a metáfora faz sentido, na condição de que o afastamento entre os significantes em causa, S e S', seja suficiente para que um dos dois termos, o substituto, caia, permanecendo por baixo no estado de traço. É o que Marisa demonstra colocando a vassoura um pouco mais longe, no chão, olhando-a com tristeza e lamentando pelo que caiu.

Seguindo o desenvolvimento da sessão, passo a passo, a irrupção de Robert faz o pólo negativo desta metáfora, onde a vassoura permanece para ele o objeto como tal em causa na sua dimensão real, enquanto Marisa já o inscreve em sua dimensão simbólica, recusando tomar a vassoura como verdade, segundo o modo induzido por Robert.

Duas questões devem ser retomadas nesta seqüência: o nada dentro da xícara e o pênis-órgão de Robert.

O nada não é o vazio, mas designa o lugar de alguma coisa pelo espaço que a xícara delimita. Este nada é, de algum modo, o lugar do objeto ou de algum semblante, tão indiferente quanto o pedaço de açúcar. Sabemos que, próximo ao final desta sessão, Marisa mesma especifica o que vem a ser este nada, quando, pegando minha mão, faz de conta que nela coloca alguma coisa e mostra-me não ter colocado nada, matraqueando com um ar matreiro. Ela substitui, ainda aqui, o objeto pelos S_1.

Mas que tipo de objeto? Apenas aquele que Robert presentifica e, principalmente, presentificou quando de sua tentativa de mutilação, à qual Marisa assistiu. O que ele queria fazer no real, Marisa encarrega-se por intermédio da hiância da porta que lhe impõe com insistência: se o furo é para ele o horror do real, para ela é uma falta que lhe inflige, histericamente, poder-se-ia dizer. Não se pode não reconhecer nesta cena o gozo que Marisa experimenta, um gozo sádico ligado ao horror da perda infligida ao outro, deixá-lo aos pedaços, como prêmio de sua própria renúncia ao objeto. É a reversão sobre o outro do que resta para ela da perda simbolizada. Para Robert, tudo é real, particularmente seu semelhante, o que faz de Marisa seu duplo, de quem ele quer, em conseqüência, mutilar-se; é o que põe Marisa em perigo de morte, por duas vezes, quando tenta estrangulá-la. Marisa retira disto uma acusação importante contra mim modulada, nas suas expressões, tanto através de sua recusa em sessão, ao dar-me as costas durante vinte minutos, quanto por seus choros ao ver-me partir, na medida em que não pode dizer-me seu desejo obsediante de minha presença. Sua ambivalência volta-se masoquistamente contra ela, ao recusar comer, e mesmo vomitar, ao ter diarréia, fazer-se dejeto, deitada debaixo das camas. Mostra-me a ausência sobre seu ventre nu.

De sua demanda desesperada, faz uma repreensão ativa por eu ter deixado Robert colocá-la em perigo ou por não ter-lhe dado o que teria dado a ele. Conclui sua violência a 17 de fevereiro, quando pôde localizar o pênis num terceiro termo, momento em que exclama "papa-pipi" diante de um cartão-postal representando o *Manneken-Pis*. A fórmula é cativante de um lado, por concernir a imagem de uma criança, isto é, uma realidade que conhece em sua vida cotidiana com Robert e, por outro lado, porque localiza, através de seu significante, o objeto num terceiro termo que só tem existência por este significante mesmo. O simbólico surge diante da imagem para designar o portador real do órgão, não do falo: ela coloca, assim, o que os matemas da sexuação designam como o do pai: existe um x para o qual não *-phi* de x $(\exists x.\overline{\Phi x})$.

As conseqüências consideráveis deste *flash* significante são sensíveis até o final de seu tratamento. A propósito, Lacan fala de "um significante que servirá de suporte a toda série das transferências, ou seja, ao remanejamento do significado segundo todas as permutações possíveis do significante". "(...) Por meio do significante, o campo do significado será ou reorganizado, ou desdobrado de um modo qualquer".[11]

A primeira conseqüência do papa-pipi recai sobre o objeto, ou antes sobre sua ausência, que Marisa cessa de expor levantando seu avental; ao contrário, ela esconde, abaixando seu avental que toma uma nova função: a do véu sobre a falta de objeto.

A segunda conseqüência é esta reorientação, repolarização significante. Marisa retoma, primeiro, ao seu S_1 sob uma forma tão ritmada quanto seu "cho-cho-cho"; desta vez é "ça-ça-ça" dito a respeito do bico da mamadeira, antes de dizer "lolô", ou seja, o primeiro S_2 que a siderou, tornando-se, deste modo, um significante despojado do gozo do Outro por seu S_1, "ça-ça-ça", que faz seu próprio gozo. Não podemos deixar de aproximar este "ça-ça" do significante "cacá". Fortalecida por esta segurança concernente ao seu próprio gozo, ela pode dizer "pipi" ao fazer pipi, e até mesmo dizer "cacá" colocando um objeto qualquer no penico, o que até então não tolerava. Acopla, a seguir, um "ça-ça" à uma demanda de fralda, ou seja, de véu. Este "ça-ça" servindo-lhe para domesticar a areia por seu S_1, adquire o estatuto de representante de uma representação quando, até então, a areia só estava ligada à violência. Este "ça-ça" enfim, torna-se "pronto!", expressão bastante conhecida por todas as crianças quando fazem algo no penico e que ela emprega após os transvasamentos de leite ou de creme.

Marisa inventa também um outro significante ritmado, "la-la-la" que diz depois de haver afastado minha blusa ao tocar meu peito, ou ainda ao pedir a lâmpada elétrica. Este "la-la-la", tal como o "ça-ça-ça", vai dar um "pronto!", dito no momento em que espalha no chão a terra de um vaso de flores. Ele lhe serve, finalmente, para pontuar, como geralmente é o caso, o fato de sentar-se e levantar-se do penico, sem nada ter feito. Ao mesmo tempo que introduz seus S_1, coloca-me uma pergunta: "o que é isso?", questão sobre seu próprio S_1 a propósito de um objeto exterior, um extintor preso à parede, depois uma árvore.

O notável é menos sua curiosidade do que a colocação do significante em relação ao Outro. Há o significante, o "ça" ou o "la", que vem sem fazer parte do Outro, ainda que venha deste: é o significante-mestre do sujeito, que não faz sentido, e para o qual ela não espera resposta. Seu lugar é para além do Outro — para além da janela, como a árvore que, ao abrir a janela, ela ligará a um jargão voluntariamente incompreensível.

Ainda que em sua manipulação dos objetos tudo aconteça num nível radicalmente significante, isso não a impede, no nível imaginário, de interrogar o véu, como a 18 de março, com a fralda do bebê. O imaginário conserva seus direitos no eixo *a-a*' do esquema L. Marisa, deste modo, acede ao transitivismo, tanto mais que a situação não implica apenas a ela e a mim, mas a ela e Robert representando o bebê de quem retirou a fralda, quer dizer, o véu do falo.

No decorrer do período fevereiro-março, ela encontra sua imagem: a primeira vez, no espelho e a segunda, na vidraça da janela aberta.

Na primeira, este encontro é muito rápido: ela privilegia o tempo essencial da passagem de minha própria imagem à minha realidade, voltando-se imediatamente para mim, colocando minha divisão que me descompleta e marca a falta. Em compensação, ela própria está mais particularmente atinada para o reflexo na vidraça pois, se começa olhando nela nossas imagens, passa sua mão para o outro lado da vidraça a fim de colocá-la sobre o reflexo de sua boca, olhando-me agressivamente. Ela encontra ali o furo no espelho que vai além da simples imagem, na medida em que o coloca relacionado com um orifício do corpo, quer dizer, com um real. Lembremo-nos não tratar-se do mesmo real aí encontrado por Robert, que o faz gritar "lobo", ante o furo real que o concerne inteiramente, e que pontua com o significante de seu delírio.

Marisa resume, nestas duas experiências, o que acontece estruturalmente com a criança no espelho. Não é tanto a imagem, a minha ou a dela, que a retém — e poderia conduzi-la à jubilação ao vestir a falta — mas sim a experiência mesma do espelho furado, que nos concerne igualmente, confirmando, sobretudo, a barra sobre o Outro ($\not{A}$), ainda que lhe custe.

É o que lhe permite passar para a etapa seguinte, onde desenvolve sua relação com o objeto em vários níveis pulsionais intricados de modo típico. Por exemplo, coloca-me o fio de metal do frasco de *Air-Wick* sobre o nariz, como óculos, dispondo-os, em seguida, sobre seu peito, fazendo como se fossem seios. Neste momento, pede o penico, senta-se nele, não faz nada dentro e diz: "pronto!". Trata-se da redução de objetos a seus puros semblantes, pontuados com seu significante-mestre. Recomeça a mesma cena, no dia seguinte, mas, desta vez, colocando meus óculos sobre sua fralda, antes de abrir meu avental e minha camisa, dizer seu significante "lá" e tornar a fechá-los, prostrada. Coloca, assim, o impossível do objeto do olhar, que conduz à relação lógica do fantasma $\$ \diamond a$. Ela só abandona suas expressões pulsionais intricadas depois de haver recolocado, pela terceira vez, meus óculos atravessados sobre seu peito, depois, olhando-me, diz "óculos Rosine", curta incursão do S_2 que faz sentido após a busca do gozo malograda, escandida por seus S_1. Porém, o que ela não perdeu foi a liberdade nos seus relacionamentos com os objetos e o bem-estar em seu corpo.

De fato, ela acaba de resolver, em parte, a questão do objeto pulsional, tanto do ponto de vista do olhar quanto do seio. Neste primeiro tempo, ela o fez pelo viés de meus óculos enquanto semblante do objeto *a*. Ela os ligou, ao mesmo tempo, ao meu olhar, privando-me deles e substituindo-os por um fio de metal, enquanto fazia deles, para si, um objeto de corpo no lugar de seios. Se ela permanece, inicialmente, sobre a diagonal entre S_1 e *a*, não obstante ela chega ao S_2 livre do gozo que visava.

O mesmo movimento vai incitá-la, a seguir, a um outro nível pulsional: o anal. Nele, ela prossegue esta mesma passagem do S_1 ao S_2, ou seja, do "cho-cho-cho" ao *chaud* (quente), que fará surgir a reminiscência das dores causadas por tratamentos médicos. Esta passagem é acompanhada, na transferência, de grandes progressos de linguagem. Nem por isso ela esquece seu ponto de partida de 19 de dezembro: o par significante de seu S_1 com o S_2 dito por mim. Esta é a porta de entrada à "significantização" da fase anal, isto é, à sua falicização. Este processo começou, de saída, quando mostrou-se encantada com meu significante "cacá", quer dizer, com o significante que vem no lugar da coisa em questão no mecanismo da defecação, conhecida por ela até o momento. Ela bem o demonstra, quando senta no penico para salmodiar o significante "cacá", mas sem nada fazer. O que, então, poderia passar por uma recusa é apenas a afirmação da preeminência do significante sobre o objeto *a* excremencial; pode-se ver como o apagamento do objeto ou sua falta é a via estrutural do objeto fálico, o que é válido para todas as crianças pequenas.

A intricação das pulsões entre olhar e seio encontra-se, aqui, entre olhar e excremento. É de fato, quando ela diz, "cacá" pela primeira vez, que seu sintoma de estrabismo desaparece, como se, poder-se-ia dizer, o significante viesse mascarar o lugar do objeto perdido, expresso pelo sintoma. Aliás, nós havíamos notado, mesmo no Menino do Lobo, a breve normalização de seu olhar, no momento de uma defecação, por ele ter podido dissociar objeto e significante. Ele, porém, ao contrário de Marisa, centrado no real do objeto, precaveu-se de dizer o significante "cacá". Ocorre que este significante era para ele apenas o comando do Outro que o privava de seu objeto de corpo, nessa identidade do real com o significante, própria da estrutura psicótica. Para ele, de fato, a "significantização" não acontece enquanto específica, o significante e o objeto não separados fazem com que a defecação se torne mutilação do corpo, tal como sua tentativa de cortar-se o pênis. Do mesmo modo, Schreber nos descreve esta identidade que está no real.

No quadro deste processo significante, Marisa brinca durante mais de três meses de um jogo do "sim-não" no simbólico da denegação dos significantes: "penico-cacá, não penico, não cacá". Serve-se do véu da fralda sobre o objeto para colocá-la em cena, quando, por exemplo, no decorrer de uma sessão, tendo feito cacá no chão, ela nada diz sobre isso, mas reivindica sua fralda. Noutras ocasiões, diz "cacá" no tom suplicante de uma demanda, quer dizer, que não se trata do presente anal: ela fala do que se trata querendo olhar debaixo de minha saia.

Se sofreu com minha ausência durante minhas férias, mesmo assim manteve a continuidade simbólica de sua análise, como testemunha uma transferência lateral sólida que ela estabeleceu com uma enfermeira. É na minha volta, entretanto, que ela acentua a expressão da presença-ausência do Outro, através de significantes sucessivos que me lança: "Rosine está aqui", com ar radiante, e depois, dando-me as costas: "Não, Rosine não está aqui". Sobre este fundo de presença-ausência que domina pelo significante, se volta para o objeto, ou melhor, a falta de objeto, por intermédio da figura de um livro, a de um peru, mas, sobretudo, por intermédio do significante "peru", que durante muitas sessões ela usará amplamente. Se a figura deste animal de cabeça e pescoço vermelhos, bastante representativa da castração, motiva seu intresse imaginário, Marisa ultrapassa esta dimensão através de seus significantes ao exclamar "É isso, o peru!", que poderíamos igualmente, ler como : "O peru, é isso!". Resume, nesse momento, sua castração em causa numa seqüência rápida onde, de modo sucessivo, acopla escopicamente o marinheiro ao atributo fálico, dizendo, a propósito deste, "olha chapéu", depois apoiando o marinheiro sobre a imagem de castração com peru, diz "olha peru", o que ela completa ao tocar a perna do marinheiro dizendo "dodói na perna, bebê", e transpõe sob a forma de "Marisa tem dodói", batendo o marinheiro contra o peru. Identifica-se, deste modo, ao marinheiro-menino com seu chapéu, e o confronta com esta imagem de castração, o peru, antes de queixar-se de ser ela própria afetada. Se ela tentar livrar-se deste peru rasgando a página do livro, fracassa, e retorna ao "é isso, o peru", antes de mostrar-me, numa figura, o chapéu do moço, imagem que nos é exterior, renovando assim seu "papa-pipi", desta vez porém no nível da representação, antes de fazer-se colocar meu relógio como sinal da castração que nos afeta, a ela e a mim.

Ela simboliza então a falta de objeto, em três tempos, retornando ao olhar. Primeiro, colocando meus óculos, sucessivamente, em mim, nela e depois no marinheiro. Em seguida, ao mostrar um objeto qualquer, diz "quero isso" mas, do momento que dele aproximo minha mão, ela diz "quero não". Por fim, ela diz palavras, nem todas reconhecíveis, sem designar qualquer objeto, ou seja, ela retorna ao significante do começo, tomado como tal em sua dimensão de S_1. Ela recusa, ao mesmo tempo, o engodo do objeto comum, através de seu "quero não", porque isso não é isso, este "isso" (ça) inatingível e irrepresentável, exceto se se reconhece, como se viu, a identidade do *a* e do S_1.

Marisa recorreu ao S_1 muitas vezes, cada vez que se aproximava do objeto do qual fizera o Outro portador, desde o início. Este S_1 não comporta nenhum saber no par a-S_1. O saber é o do Outro, só aparece com o S_2 que faz sentido, mas mais ainda, pois Marisa não desconhece o caráter imperativo da demanda do Outro em sua vida na coletividade. No limite, este S_2, ao isolar-se, é o gozo do Outro, gozo inerente ao significante — tal como o significante "lolô". Ora, Marisa, em sua análise, adquire este gozo do significante por seu S_1, gozo evocado por Lacan relativo à criança quando "ela ainda não percebe o sentido [da palavra do adulto], mas apenas a estrutura".[12] O caráter imperativo do S_1 do gozo prévio, Lacan o refere à gênese do supereu que seria, portanto, a interiorização do que é ouvido anteriormente ao sentido.[13] A ligação S_1-*a* nos conduz à famosa expressão do supereu: "goza... ouvi" (*Jouis... J'ouis*)*.

Marisa busca reduzir o imperativo do S_2 do Outro ao imperativo de seu S_1. Daí a inversão da demanda do Outro em sua própria demanda, como vimos a propósito do significante "cacá", dito por ela num tom suplicante.

Para melhor marcar o lugar destes significantes unários de Marisa, na idade em que se encontra, a da entrada na palavra, refiramo-nos ao que Lacan dizia no *Encore*: "O significante Um não é significante qualquer. Ele é a ordem significante, na medida em que ele instaura o envelopamento por onde toda a cadeia subsiste (...). O Um encarnado na alíngua é algo que permanece indeciso entre o fonema, a palavra, a frase, e mesmo todo o pensamento. É disto que se trata no que chamo de significante-mestre".[14]

Dito de outra forma, em vez do S_2 vir tomar inteiramente o lugar do S_1, o S_1 permanece sempre presente, segundo Lacan: "Este S_1 de cada significante, se formulo a pergunta: *é deles que eu falo*? Eu o escreverei, inicialmente a partir de sua relação com S_2".[15]

Se Marisa partiu, como qualquer sujeito na aurora da palavra, de um S_1 acoplado ao objeto e significante do gozo prévio, ao encontrar o S_2 do Outro, ela defende-se dele através de um retorno ao S_1, quer dizer, ao gozo fora da castração. De fato, há algo de perdido quando aparece o S_2 do Outro; é Marisa que o diz quando apaga seu S_1 com esse S_2. Porém, o que ela busca fazer é injetar o gozo de seu S_1 em seu S_2, com, além disso, a identificação e o amor do Outro, a quem pode endereçar sua demanda incontornável, demanda de objeto — inversão da demanda "cacá" que faria participar este S_2 do S_1 — e demanda de amor.

Mas, presa nas redes do significante, ela não o faz, e permanece inicialmente na ilusão que a encanta. Lacan marca este limite claramente: "Estes afetos são o que resulta da presença da alíngua, na medida em que, de saber, ela articula coisas que vão muito mais longe do que o ser falante suporta de saber enunciado".[16]

Por que não ver nisso alguma abordagem do "mais gozar" na estrutura primordial?

---

* *Jouis* — goza (imperativo), é homófona de *J'ouis* — eu ouvi (perfeito do indicativo).

Lacan, no *Seminário*[17], fala do S_1 como parecendo prometer um S_2, promessa a partir da qual ele emprega o termo de "escroqueria". Mas não uma qualquer, pois ele acrescenta que o S_2 não é apenas segundo no tempo, mas deve ter um sentido duplo para que o S_1 tome seu lugar corretamente. É este duplo sentido que toma meu significante "cacá", entre objeto-excremento *a* e falo, numa relação do significante com o significado, qualificada por Lacan como "imaginariamente simbólica" — Ele chega mesmo a fazer desta ambigüidade a especificidade da poesia: "É porque a palavra tem duplo sentido que ela é S_2". Acrescentaremos, é porque ela também guarda em si o eco do S_1 entre excremento -*a* e significante fálico.

É em torno desta ambigüidade que se desenvolve o tratamento de Marisa, e que faz dele a interpretação de seu *Penisneid* e de sua castração. Nossa referência a *L'insu que sait de l'une-bévue...* nos regozijou por lermos nele que os poetas chineses cantarolam suas poesias, tal como Marisa entrou no significante através de sua cançoneta — daí, a importância das "comptines"*. Aqui alíngua é comum. "A invenção de um significante é alguma coisa diferente da memória. Não é que a criança invente este significante, ela recebe... Nossos significantes são sempre recebidos. Por que não inventaríamos um significante novo? Um significante, por exemplo, que não teria, como o real, nenhuma espécie de sentido".[18]

Então, o que pode Marisa dizer ainda? É o que veremos, mas avancemos desde já que o resultado do que precede permite situar o desejo do analista como este jogo entre S_1 e S_2, na abertura calculada em direção a S_1, e o ato analítico e a psicanálise, por conseguinte, no pólo oposto à pedagogia do famoso eu-forte, autônomo.

Chamamos final de análise o momento onde Marisa põe em cena o objeto, não o objeto fálico imaginário, mas o objeto *a* enquanto caído, na sua consistência lógica em lugar do sujeito, alcançando, portanto, uma "logificação"** da castração, sendo para isso necessário que passe pelo objeto qualquer, do qual ela diz sucessivamente "quero isso" e "quero não". Ela

---

* Canção que as crianças entoam para determinar aquele que deverá sair do jogo ou correr atrás dos outros. (N.T.)

** Acompanhando o neologismo *logification*, no original. (N. T.)

o diz, por exemplo, a propósito do carrinho ou, de modo mais significativo, do livro de Robert. É uma fase do "sim-não", encontrada no Menino do Lobo, uma espécie de matriz vã do simbólico, pois para ele tudo permanecia no real de sua holófrase, enquanto Marisa, nesta fase, atinge o ponto de junção entre o simbólico e o real que, assim, põe em ato.

E o faz a propósito do que centralizou seu debate, o cacá, simbolizando sua falta real de falo, em sua relação com o Outro do significante. Efetua, então, duas operações: a primeira, fazendo a parte do real, quando faz cacá em sua fralda para assegurar-se da posse real do objeto; a segunda, quando faz cacá no penico, pela primeira vez em sessão, quer dizer, quando chega ao dom anal, presente que me mostra, e dá, concluindo: "Marisa, menina", com ar feliz. Não é mais a falta real, mas a simbólica, do falo, do qual participa na condição de ausência. Neste nível, ela o tem, de algum modo. É uma conclusão; ela não mais voltará ao cacá.

Olhando o livro, ela pode dizer, então, quem é a menina e quem é o menino, reservando sua questão para o véu da camisola, sobre a qual diz: "O que é isso?"

A este questionamento que diz respeito ao significante, já abordado por ela, ante um objeto desconhecido, como o extintor, mas igualmente ante a árvore que via pela janela, Marisa não espera resposta, nominativa ou explicativa, por ter uma resposta que lhe concerne no mais alto grau, quando, ao considerar a imagem de um menininho saindo do banho, tendo a metade de seu rosto escondido pela toalha, ela diz que ele chora, acrescentando com um tom extremamente patético: "Um olho, mamãe foi embora". Tal é a chave de seu estrabismo e da perda que incide sobre seu olhar, e não sobre sua visão, que a vimos recuperar muitas vezes em sessão. O debate de sua perda deslocou-se para um outro objeto, cujo significante atenuava esta perda no Outro.

Porém, nesta última parte de sua análise o que aconteceu com este Outro? Ele cessou de estar neste lugar de presença real, incontornável do amor — um lugar que pode, se não tomarmos cuidado, provocar o impasse do substituto materno. É Marisa mesma quem faz desta presença um objeto, irredutível à ordem significante, por certo, mas que pode escrever-se no simbólico por seu acoplamento com a ausência. Tudo passa por isso: os objetos e principalmente os sujeitos.

Que este Outro seja castrado, Marisa o diz claramente: "Para Rosine, peru". Não apenas o Outro que sou, mas também os pequenos outros: o bebê, o marinheiro, mesmo o moço do chapéu ou ainda o cavalo, ao qual sou suposta ter feito dodói — como se o Outro com seu significante não fosse sem poder castrador — a enfermeira das férias também. Este Outro, ou partiu como eu ou caiu como esta enfermeira na escada. Deste portador do objeto que sou ela agora apenas inspeciona o avental, vigiando para que este véu esteja bem fechado. Quanto a ela própria, ela o diz, ao fazer-me entrar sozinha na sala de sessões: "Marisa partiu... Rosine aqui, enfermeiras aqui", reduzindo-me, por sua partida, a um significante qualquer. Isso me permite, um pouco mais tarde, anunciar-lhe o final de sua análise, em breve, e de lhe falar sobre uma família.

Significante qualquer, mas também lugar que cessa de ser o do saber, lugar onde o sujeito se desvanece no objeto que cai, o que Marisa escande com um: "Adeus, Rosine", fazendo-me sair da sala de sessões, antes de inverter seu dizer com um "Marisa partiu". Ela o confirma diante do espelho do patamar da escada, onde quer olhar-se. Mas não é sua imagem que a interpela, é o nada, o único que pode fazer objeto, e não a imagem.

Uma questão é preciso ainda suscitar, para concluir: a da sexuação de Marisa enquanto menina.

Se é preciso muita prudência para evitar mal-entendidos, como diz Lacan a propósito de seu esquema no *Encore*[19], o que encontramos, e que nos parece essencial para evitar qualquer desvio pedagógico da psicanálise com crianças, é a relativização do S_2 como suporte do laço social "em relação ao significante puro que se inscreve do S_1", e mesmo o acoplamento do S_1 com o mais-de-gozar. Isto, porém, não faz uma diferença específica da sexuação, como vimos, pois os primeiros elementos postos em jogo no início, que são $\$$, *a* e S_1, são assexuados.

A partir de quando, portanto, a sexuação aparece em Marisa enquanto feminina? Sabemos que, num primeiro tempo de sua reivindicação fálica, ela estava sob a fórmula da sexuação $\overline{\exists x}.\overline{\Phi x}$, ou seja, o Outro para ela era portador não apenas do objeto *a* mas também do falo.

A viragem fez-se em dois tempos, a partir das sessões fundamentais de 19 de janeiro e 7 de fevereiro. Durante a primeira, é ela quem se apercebe, de forma totalmente clara, como privada do falo, ao renunciar ao representante que é a vassoura e agredindo Robert, desde esse momento, como o portador daquilo que ela não tem. Mas, a 7 de fevereiro, com o seu "papa-pipi", ela coloca a existência de um *x* através do que a função Φx é negada: $\exists x.\overline{\Phi x}$, isto é, a função do pai. A via está aberta para ela em direção a um Outro que não é todo, a quem falta o objeto fálico, ou seja, o Outro materno primordial é castrado. Assim, Marisa alcançou no campo do significante a hiância do ser como falta, do lado do $-\varphi$ imaginário, mas também do lado do Φ, que suporta o homem encontrado por Marisa, tanto como significante quanto como órgão-objeto. Ora, deste objeto Marisa tem a experiência, visto que ele se encarna no S_1 "que é, entre todos os significantes, o significante do qual não há significado e que, quanto ao sentido, ele simboliza o fracasso".[20]

Se do lado masculino o $\$$, diz Lacan, enquanto parceiro, jamais deixa de ter de se haver apenas com o objeto *a* inscrito do outro lado da barra,[21] ou seja, o que é a causa do desejo, Marisa, no decorrer de sua análise, nos demonstra que, após ter localizado o gozo no falo, resta-lhe situar o objeto *a* na sua função especificamente feminina, isto é, ser dele o semblante. Este é todo o movimento que a leva, então, a colocar o Outro, assim como ela própria, neste lugar evanescente do objeto, no dizer de uma alternância de presença e ausência, ou seja, de uma presença sobre fundo de ausência e reciprocamente. Mas como poderia ela dizer este jogo do sujeito reduzido a *a*, num campo claro o suficiente, se ela não passasse necessariamente pelo significante do Outro, um Outro que permanece dividido, no nível mesmo daquilo de que ele é o lugar: o significante? O que este sujeito dividido tem como efeito, se o significante índice 1 não representa o sujeito junto de S_2, a saber, do Outro? O S_1 e o S_2 são, precisamente, o que é designado pelo A dividido, cujo significante é S (Ⱥ),[22] isto é, o significante que falta ao Outro.

É a questão que me lança Marisa e de que não espera resposta: "Quê isso [sic]?". De fato, é uma questão à qual o saber do Outro não pode responder, visto que se trata do S_1 de reserva, poder-se-ia dizer, do sujeito, ou seja, seu gozo próprio.

Na medida em que Lacan diz: "(...) por este S (Ⱥ), eu não designo nada mais do que o gozo da mulher",[23] o que podemos subscrever ao acompanharmos esta menininha tão pequena que é Marisa; será que há aí entretanto os termos de uma sexuação completamente definida? Sim, se tomarmos como referência a dimensão fálica. Aí, Marisa, após a falicização de seu *Penisneid*, revela-se "não-toda" fálica, conservando esta parte original de gozo do S_1. Esta parte, contudo, nós vimos, não é decisiva na sexuação, já que é remanência de elementos assexuados originais. Então, o que acontece com o menino e, principalmente, com o neurótico nesta via?

Em todo caso, podemos dizer que se Ⱥ mulher não existe, tão pouco existe Ⱥ menina.

Duas imagens para terminar. A primeira, na época das férias: contam-me uma longa cena no jardim, onde Marisa empurra um carrinho com uma boneca, dando a mão a Robert — indicação de um desejo de ter um bebê, incluindo Robert no quadro. Segunda e última imagem: ela desce nos meus braços com seus livros. Robert, que havia subido sozinho, segue-nos e pega do chão os livros que escapuliram das mãos de Marisa. Ela está radiante.

NOTAS

1. Jacques Lacan, *Le Séminaire*, livro XI, *Les Quatre concepts fondamentaux de la psychanalyse,* Seuil, col. "Le Champ Freudien", 1973, p.161. [Trad. bras.: *O Seminário*, livro XI: *Os quatro conceitos fundamentais da psicanálise.* Rio de Janeiro, Zahar, 1979
2. Ibid., p.148.
3. Ibid., p.147-67.
4. Jacques Lacan, "Subversion du sujet et dialectique du désir", in *Écrits*, op.cit., p. 817.
5. Sigmund Freud. "Quelques conséquences psychiques de la différence anatomique entre les sexes" (1925), in *La Vie sexuelle*, op.cit., p.122-32.
6. Ibid., p.139-55.
7. Sigmund Freud, *Nouvelles Conférences d'introduction à la psychanalyse*, op. cit., XXXII conferência, p.150-81.
8. Jacques Lacan, *Le Séminaire*, livro XX: *Encore*, op. cit., p.74. [Trad. bras.: *O Seminário*, livro XX: *Mais, ainda.* 2a. ed. rev., Rio de Janeiro, Jorge Zahar, 1989.]
9. Jacques Lacan, "Du traitement de la psychose", in *Écrits*, op.cit., p. 571.
10. Rosine e Robert Lefort, *Les Structures de la psychose*, op. cit., p.150-1.
11. Jacques Lacan, *Le Séminaire*, livro IV: *La Relation d'objet,* Seuil, col. "Le Champ Freudien", 1994, p.306. [Trad. bras.: *O Seminário*, livro IV: *A relação do objeto.* Rio de Janeiro, Jorge Zahar, 1995.]
12. Jacques Lacan, *Le Séminaire*, livro IV: *La Relation d'objet*, op. cit., p.390.
13. Ibidem.
14. Jacques Lacan, *Le Séminaire*, livro XX: *Encore*, op. cit., p.131.
15. Ibid., p.130.
16. Ibid., p.127.
17. Jacques Lacan, *Le Séminaire*, livro XXIV: *L'Insu que sait de l'une-bévue s'aile à mourre*, 15 de março de 1977, in *Ornicar*, n.17-8.
18. Idem.
19. Jacques Lacan, *Le Séminaire*, livre XX: *Encore*, op. cit., p.73.
20. Ibid., p.74.
21. Ver esquema p.64.
22. Ibid., p.131.
23. Ibid., p.78.

Este livro foi composto pela TopTextos Edições Gráficas, em Times New Roman, e impresso por Tavares e Tristão Ltda., em julho de 1997.